碧镜光中拖曲堰,绿云丛里出高楼。

——《暮春恭奉皇太后游万寿山清漪园》(乾隆)

贾珺——著

颐和园

广西师范大学出版社
·桂林·

源起·帝王之梦

公元1750年，清帝乾隆背弃"不再修造御苑行宫"的诺言，决意实现自己心中的园林理想。于是，筹划已久的皇家大型园林工程——颐和园前身——清漪园悄然动工。

乐寿堂·奢享细节

乐寿堂,颐和园最大的寝殿。贪图苑囿之乐的慈禧太后长期在此居住。「寿」字高悬的寝房和临湖的什锦花窗,透露出往昔的奢华。

昆明湖·叠山理水

依托京郊万寿山、昆明湖，颐和园的山水形态逼真模仿了江南名胜杭州西湖的风貌。

智慧海·神佛世界——

万寿山最高处的大型佛殿智慧海，外墙以黄绿两色琉璃砌成，包含1 008个小佛龛，每龛内雕刻一座佛像。

玉带桥·巅峰工艺

始建于乾隆年间的玉带桥,是颐和园西堤六桥中的半圆形拱券结构石桥,其形宛如玉带,矢高超7米,桥栏以青石和汉白玉雕琢而成。

留佳亭 · 诗画趣味

颐和园前山长廊处的留佳亭,象征四季中的春季,亭名为乾隆帝所赐,内部梁架及彩画装饰繁复华丽。

文

前言

北京是一座拥有三千多年建城史的古都，历代兴废更替之间，无数的宫殿、坛庙、园林、寺观、市肆也随之经历了多次的盛衰起伏，而园林作为一种富有特殊魅力的景观建筑，每次都像烟花一样在泛黄的历史画卷中发出璀璨的光芒，成为北京文化不可或缺的组成部分。

北京关于园林的最早历史记载是战国时期燕昭王在蓟城建造的离宫黄金台，随后在不同的朝代中，作为北方的名都大邑，北京地区不时出现诸侯苑囿、督帅府园、寺庙园林以及郊野名胜，这些都成为城市重要的点缀。辽代北京地区名为幽州析津府，被定为辽国陪都南京，辽主在城郊陆续兴建了很多离宫苑囿，并经常来此游幸。金代幽州城被改为中都，首次成为正式的王朝都城，皇家园林建设空前繁盛，城内外御苑遍布，私家园林的数量也有所增加。元代在中都东北方向新建大都城，城市中心地带引入大片水面，并环水布置宫殿，另在城内和四郊大力兴建皇家园林，一些蒙古、色目贵族以及汉族官僚也纷纷建立私家园林，掀起新的高潮。明代续建紫禁城御花园、西苑三海和南苑，而私家园林、寺庙园林和公共风景园林的数量大大超过前代，盛况空前。

  清人入关之后，继续沿用明代的都城、宫殿和坛庙，把主要力量投入皇家园林的兴建，使得有清一代的御苑达到最鼎盛的程度。到了乾隆时期，京城内有大内御苑和西苑，南郊有南苑，西北郊更是成为皇家苑囿最集中的区域，其中包含圆明园、畅春园、清漪园、静明园、静宜园等近十座大型御苑，统称"三山五园"，再加上热河避暑山庄、蓟县盘山行宫以及南巡、东巡、北狩路线上的大量行宫御苑，形成了极为壮观的园林风景线。许多王公大臣和文人商贾也纷纷仿效，京城内外私家园林多达几百座，寺庙园林、公共风景园林则延续了明代的盛况。所有这些彼此辉映，成为中国园林史上举足轻重的一大篇章。

  在清代所有的皇家园林中，颐和园是造园艺术成就最高的一座，也是目前北京西北郊唯一保存完整的御苑，被誉为中国古典皇家园林的传世绝响。

  颐和园的前身清漪园始建于乾隆十五年（1750年），以西北郊的万寿山和昆明湖的自然山水为依托，又以杭州西湖为蓝本进行了大规模的仿建和改造，

颐和园万寿山剪影（楼庆西/摄）

在此基础上吸取了很多传统造园的经典手法，兴建了大量的宫殿、楼台、亭榭，并叠山引水，栽种花木，营造出一个山清水秀、如诗如画的名园胜景，是几千年以来中国古典园林艺术最杰出的范例之一。

咸丰十年（1860年），清漪园与圆明园等其他御苑遭到英法联军的焚掠，大部沦为废墟。光绪年间，贪图苑囿之乐的慈禧太后不惜挪用海军军费大肆重建清漪园，并将其更名为颐和园，在此长期居住理政。这座园林因此经历了从清代乾隆盛世最繁华到逐渐衰败、遭遇大劫又回光返照的全部过程，尤其见证了晚清戊戌变法、义和团运动直到清室退位的所有重大事件，承载着丰富的历史信息，令后人感慨无限。

1949年以后，颐和园经多次修缮，再现了动人的景致，成为北京一大名胜，并于1998年被联合国教科文组织列入世界文化遗产名录，日益得到全世界的欣赏和关注。

本书在清华大学建筑学院长期研究成果的基础上，对颐和园——这颗皇家园林中的璀璨明珠，及其前身清漪园做了若干进一步的挖掘和分析，并整体解读了其山水格局背后所蕴含的哲学思想，以及传统造园的精妙构思。希望能够引起更多人对中国传统园林艺术的热爱与兴趣。

目录

楔子　颐和园概貌

<第一章>　御苑初营

01　一道上谕泄露的天机　　14

02　山水胜地西北郊　　16

03　皇帝的辩白书　　20

04　无双风月属昆明　　26

<第二章>　筑山理水

05　祖孙三代的西湖梦　　32

06　兼收并蓄的北国江南　　40

07　山水中的太极与福寿　　50

<第三章> 宫室楼台

08	勤政与乐寿	58
09	穿过玉带长廊	62
10	功德圆满延寿寺	68
11	巍巍佛香阁	76
12	五彩斑斓的琉璃世界	82
13	八面风光画中游	86
14	城关六重锁清秋	94

<第四章> 明湖曲溪

15	昆明湖上浮仙岛	102
16	曲折清幽后溪河	110
17	后山小景宜人境	114
18	皇家园林中的市井烟火	120
19	须弥灵境与四大部洲	128

<第五章>　移天缩地

20	天下美景萃一园	140
21	假山奇石玲珑奇巧	148
22	一草一木总关情	154
23	借景境外	160
24	复杂的象征寓意	166
25	水陆两线览园景	172

<第六章>　晚清重建

26	沧桑浩劫	180
27	又一次万寿献礼	184
28	"样式雷"主持重建	188
29	历史的见证者	196

<第七章> 帝后园居

30	离宫正殿	202
31	乐寿堂前"败家石"	208
32	皇帝与后妃的寝殿	216
33	大小戏楼筑升平	220

<第八章> 胜景依稀

34	排云殿中的辉煌盛典	232
35	中秋之夜的游湖盛况	242
36	模仿西洋轮船的石舫	246
37	小园谐趣待君游	252

结语   263

参考书目   264

楔子 颐和园概貌

颐和园位于北京西北郊，是清代建造的一座大型皇家园林，东距圆明园不远，西邻玉泉山。全园占地面积约300公顷，在东、北两面设有宫门，其中东宫门是整座园林的正门。园内景致主要围绕万寿山和昆明湖展开，是清代御苑中把天然山水和人工创造巧妙融合的最佳范例。

从整体上看，颐和园全园可以分成宫廷区、前山区、前湖区和后山后河区四个部分。

宫廷区位于万寿山东南侧的平地上，由相对独立的若干殿堂院落组成，紧邻东宫门，其中包括正殿仁寿殿（其前身是清漪园的勤政殿）以及乐寿堂、玉澜堂、宜芸馆等几组比较规整的居住院落，北侧还设有德和园大戏楼。

前山区主要指万寿山的南坡，山脚下最南一侧沿着昆明湖的湖岸设置一条长廊，从东向西伸展，是世界上最长的一条画廊。山中央建有一组宏伟的

颐和园分区示意图

颐和园前山区鸟瞰（楼庆西/摄）

颐和园宫廷区鸟瞰（楼庆西/摄）

颐和园前湖区鸟瞰
(楼庆西/摄)

建筑，主要由排云殿和佛香阁、智慧海组成（该建筑群前身为清漪园大报恩延寿寺），由南到北形成一条庄严的中轴线，其中高大巍峨的佛香阁为全园的核心标志建筑，登临其上可以俯瞰昆明湖的浩淼烟波乃至整个西北郊的山水风光。山坡西侧还有听鹂馆、画中游等著名景点，西南角的水岸边则建有一座大型石舫。

前湖区指位于万寿山之南的昆明湖的大片湖面。湖面十分辽阔，以长堤划分成几个大小不同的水域，其中最主要的是西堤，堤间以六座桥梁串联一体。水面上模仿海上三仙山修筑了南湖岛、藻鉴堂和治镜阁三座大岛。南湖岛距离昆明湖东岸很近，用一道长长的十七孔桥连接湖岸。乾隆时期的三岛上分别建有一座楼阁，光绪时期的重建没有恢复。除了这三座大岛，湖东侧南北两端还各有一座小岛，分别名叫凤凰墩和知春亭岛。

后山后河区指万寿山的北坡以及山脚与北宫墙之间所夹的一条后溪河。这一带山水紧密相连，空间狭长而幽远，与前山、前湖的开敞辽阔形成鲜明的对比。后山的中央部分建有一座藏式风格的佛寺须弥灵境，其核心建筑原为香岩

颐和园后山后河区鸟瞰（楼庆西/摄）

宗印之阁，后来重建为佛殿，水边还设有模仿苏州水肆的买卖街以及云会寺等建筑。在后山的东侧建有一座谐趣园（前身为清漪园的惠山园），是模仿无锡寄畅园的园中之园。

这四个部分的空间各有特色：宫廷区以平地建筑院落为主，规整严谨；前山区以平缓的山坡和大型楼阁、殿堂取胜，巍峨华丽；前湖区以大片水面和长堤、岛屿、桥梁为主，疏朗澄明；后山后河区以曲溪、山崖和体量较小的寺院、小园林以及各种零散的厅堂亭榭为主，展现的是蜿蜒深远的意境。同时四个部分又能串联为和谐的整体，共同以山水、楼台和花木演绎出一组动人心魄的风景名胜。

乾隆皇帝看中了北京西郊最优越的一个山水地段，悄悄地开始打造自己心目中最理想的皇家御苑。这是怎样的一片地段？皇帝为什么宁可食言也要建造这座新园？整个清漪园工程有多大规模？且看本章。

御苑

<第一章>

初営

01　一道上谕泄露的天机

> 救灾工作如火如荼进行的同时，皇帝颁布了一条与军国大事毫无关系的上谕。

大清乾隆十五年，即公元1750年，是一个"灰色"的年份。

年初到年终，全国从南到北很多地方都发生了自然灾害，水灾、旱灾、雹灾，全赶上了。三十九岁的乾隆皇帝弘历频繁应付救灾工作之余，还两次抽空陪伴皇太后钮祜禄氏出京巡幸，一次是去五台山进香，另一次是去遵化和易县拜谒东西皇陵，大概有请求菩萨和祖宗保佑的意思。

可是灾害依然不断，年底的时候西藏地区又发生叛乱，简直是祸不单行。幸有名将岳钟琪迅速平乱，并擒获逆首卓呢罗布藏扎什，算是为这一年增了一笔亮色。

不过就算没有这个好消息，相信乾隆帝的心情也不会太糟，因为一项筹划已久的大型园林工程已于当年悄悄开工，皇帝苦心期盼的一片湖山胜景正慢慢由蓝图变成现实，足以抵消其他所有的不快。

这一年的三月，乾隆帝从五台山回朝后，接连下了几道重要的圣旨，主要是分别免去安徽、湖北、山东等受灾地区的赋税，还有一道则是嘉奖抚慰正式退休回乡的三朝老臣张廷玉。就在同一月的十三日，皇帝还颁布了一条似乎与军国大事毫无关系的上谕：把北京西北郊的瓮山改名为"万寿山"，把瓮山旁边的西湖改称"昆明湖"。

(传)清代郎世宁绘乾隆帝中年画像(故宫博物院藏)

  这条上谕透露出一个讯息：救灾工作如火如荼进行的同时，皇帝心爱的行宫园林也在紧锣密鼓地兴建。

02 山水胜地西北郊

> 圆静寺东临莹莹稻田,西对柔柔碧波,北倚幽幽瓮山,景致不凡。

北京西北郊山峦起伏,属于太行山的支脉,自古被称作"神京右臂",附近又有很多湖泊泉水,林木茂密,景色怡人。瓮山便位居此处,山势平缓,有点像大坛子,因此被称为瓮山;另一个说法是有位老翁曾在此挖到过一个大瓮,因而得名。

山的南面地势低洼,汇集了周围的泉水溪流,形成了一大片湖面,就叫瓮山泊。这一带在元朝以前并不为人所知,名气远远比不上西边相邻的玉泉山和香山。元朝建都北京(当时叫大都),曾在著名科学家郭守敬的主持下修筑大规模的水系,完善了首都地区的供水系统和水上运输设施,瓮山泊成为其中一个重要的环节,以天然湖泊兼具蓄水库功能,因此得到更多的关注,逐渐成为游览胜地。后来在湖滨和山脚又慢慢出现了一些寺庙和园林,为自然风光增色不少,其中最著名的是大承天护圣寺,元朝皇帝经常来此游玩并住在寺中,另外名臣耶律楚材的墓园和祠堂也建在这里。

明朝的时候瓮山泊改名西湖,水面种植荷花、蒲苇,湖边构筑了堤坝,周围还开辟了广阔的水田,被当时的文人誉为"北国江南"。瓮山上没什么树,土色发红。环湖增添了一些新的寺院和园林,特别是明孝宗的乳母助圣夫人罗氏捐资在山南坡新建了一座圆静寺,东临莹莹稻田,西对柔柔碧波,北倚幽幽瓮山，景致不凡。春秋之季，瓮山、西湖一带游人如织，成为北京的郊游胜地，暮春四月还举办游湖盛会，几乎可以和盛唐时期长安的曲江池相媲美了。

到了明朝末叶，圆静寺逐渐荒废，没什么香火。耶律楚材的祠堂毁失，只剩下一尊石像独存。天启年间某夜有许多萤火虫落在石像头上，亮如灯笼，乡民以为石像成精，眼睛发光，便将之打碎。

清朝初年，瓮山、西湖周围的寺庙、园林逐渐有所恢复，依然很受游人青睐。来自江苏苏州名叫沈德潜的官员曾写过一首《西湖堤散步》诗，诗中说"闲游宛似苏堤畔"，把北京西湖与号称"人间天堂"的杭州西湖相提并论。

乾隆十五年（1750年）正在大兴土木的大型皇家苑囿正是以瓮山和西湖为核心，为此皇帝特意在三月十三日下旨，正式把山和湖改名为"万寿山"和"昆明湖"。

大觉寺
仰山栖隐寺

五华寺
隆教寺
广泉寺
卧佛寺
碧云寺

洪光寺
香山寺 翠岩寺
曹家庙
弘教寺 鲍家寺
滕公寺
隆恩寺
中峰庵
净德寺

宝珠洞 证果寺
香界寺 大悲寺
龙王堂 嘉禧寺
三山庵
灵光寺
长安寺

法海寺
海藏寺 承恩寺 皇姑寺

柘寺

戒台寺

明代北京西北郊平面图（橙色圆点处为今日颐和园）（王曦晨/绘）

03 皇帝的辩白书

> 乾隆皇帝在亲笔所写的《清漪园记》中承认自己违背了不再建造园林的诺言。

　　清朝的皇帝是满族人，入关后深受汉族文化浸染，大多拥有两个相当高雅的爱好：一个是游赏园林，另一个是写诗作文。这两点恰好与前朝的大明天子们形成鲜明的对比——明代多数皇帝都喜欢长年累月足不出户地躲在深宫中，无心于泉石风光，并且普遍对文学缺乏兴趣。清代皇帝兴建园林苑囿和热衷文学创作的传统都是从康熙帝开始的。康熙帝玄烨是中国历史上一个很了不起的皇帝，他平定三藩、统一台湾、安定西藏，同时又大力发展经济、文化，开启了一个政治稳定、经济繁荣、文化昌盛的新时代。

　　康熙中叶，天下逐渐安定，康熙帝开始在北京西北郊的香山和玉泉山分别修建行宫花园，随后又利用明代外戚的清华园旧址修建了大型离宫畅春园，康熙四十二年（1703年）开始在热河修筑避暑山庄。

　　此时很多王公大臣也纷纷在畅春园周围营建自己的别墅园林，例如雍正帝胤禛继位前的封爵是雍亲王，他的西郊花园名叫圆明园，便位于畅春园的北面。雍正帝正式登上皇位后，就扩建这座圆明园，将其变成新的大型离宫，而且长期在此处理政务和居住生活。

　　康熙帝和雍正帝都有诗文集传世，其中有很大篇幅都在描绘这些皇家园林的美丽景色。

1	2
3	

1 雍正帝读书像（故宫博物院藏）
2 乾隆帝汉装行乐图（引自《清代宫廷绘画》）
3 康熙帝读书像（故宫博物院藏）

乾隆帝完全继承了祖父和父亲爱好园林和文学的传统。一方面，康熙、雍正两朝开创的所有皇家园林都在乾隆时期得到扩建和改建：畅春园整修之后改为太后专用行宫，香山行宫扩建为静宜园，玉泉山行宫扩建为静明园，避暑山庄增添了新的三十六景，圆明园中插建了许多新的景区。另一方面，乾隆帝又在圆明园周围新开辟了长春园、绮春园、熙春园、春熙院等四座附属花园，并利用其他旧园基址改建乐善园、泉宗庙等园林。乾隆初年北京西北郊已经形成了丰富多彩的皇家园林体系，蔚为大观。

乾隆帝对文学的兴趣丝毫不亚于他对园林的喜好，他身后留下的《高宗御制诗集》和《高宗御制文集》卷帙浩繁，字数远远超出其他清代皇帝诗文作品的总和。有学者统计过，他一生写的诗就有四万多首，几乎和《全唐诗》所收诗篇的总量相当。同样，这些诗文中有一大半都以皇家园林为主题，表明清帝的文学爱好与园林爱好其实是密切相关的。

除了书法和文学，乾隆帝对绘画也颇为喜爱，并且能亲自挥毫作画。长期的艺术熏陶使他具备了很高的园林鉴赏能力，这也是乾隆时期皇家园林艺术鼎盛的重要原因。

在乾隆帝洋洋洒洒的无数宸翰御笔之中，有两篇关于园林的文章比较有意思，很值得对照着读一读。乾隆九年（1744年），乾隆帝初步完成了圆明园的扩建工程，亲自确定了"圆明园四十景"的名称，志得意满之余，写了一篇《圆明园后记》（之所以叫"后记"是因为他父亲雍正帝已经写过一篇《圆明园记》），夸耀圆明园规模弘敞、丘壑幽深、草木清佳、楼殿巍峨，实在已经达到皇家园林的极致境界。更重要的是，乾隆帝在文章中声明自己从此之后就不再修建新的御苑，同时告诫后世子孙也应该满足于已有的这份遗产，不要再耗费民力另

清代董诰书乾隆帝《仙藻迎韶》御制诗册（台北故宫博物院藏）　　"万寿山清漪园"玉印（大英博物馆藏）

乾隆御笔《烟波钓艇图》（台北故宫博物院藏）

建其他园林。想必当年这篇宏文颁布之后一定引起了热烈的喝彩，朝野上下无不称颂皇上圣明、体恤民力。

可是仅仅过去六年光景，新的园林工程又启动了，而且是在灾害频发的时期。虽然乾隆帝贵为天子，一言九鼎，这种明目张胆出尔反尔、自打耳光的行为到底有些不光彩。于是，等到万寿山工程接近完工的乾隆二十六年（1761年），乾隆帝又精心炮制出一篇《万寿山清漪园记》，还专门为此刻了一方玉印。

他在文章中辩白说："盖湖之成以治水，山之名以临湖，既具湖山之胜概，能无亭台之点缀乎？"意思是自己对昆明湖进行开挖整治主要是为了"治水"，进一步完善西北郊的水系，等到工程告竣后发现这里的湖山风光实在太美了，因此不能没有亭台楼阁点缀。

在此，乾隆帝把违背诺言的原因归结于"全是风景惹的祸"，大概自己也觉得难以自圆其说，只好反问解嘲说：难道这样就不算食言了吗？说是因为治水，可是又有谁信啊？强词夺理之余，毕竟还是承认这次举动与自己以前的言论有所违背，不能不有愧于心，于是又郑重声明这座新园林的经费都出自"内帑"，也就是皇帝的内库私房钱，所有的工匠差役的工资也都从内库开销，没有动用国库资金，更没有征召徭役；同时还说新园林的建筑朴素，花钱不多。似乎如此一来，没有耗费多少民力，不算过分之举。

文章最后还不忘强调一句，说自己每次来新园游玩都只是玩上午半天，中午就回，从来不在此住宿，暗示君主不会因为留恋湖山美景而玩物丧志，希望臣民们能够谅解他。

04 无双风月属昆明

> 从治水到训练水军,再到为崇庆皇太后祝寿,乾隆帝找出了很多造园理由,但最根本的理由是实现他心目中真正的理想园林。

乾隆帝作为九五之尊,能够为自己修筑苑囿之事写文章辩解,甚至还有点自我检讨的意思,说明他比起同样热衷于大建宫苑却又死不认错的商纣王、秦始皇、隋炀帝,还算是开明。他的辩白也并非全是说谎,修筑新园确实与治水工程有一定关系。

清代中期的北京越来越繁华,人口数量也不断增长。经过康、雍两朝和乾隆初期的经营,北京西北郊的皇家园林日渐鼎盛,私家园林也不断增多。这种兴旺的景象带来一个负面问题,就是用水量大增,元代建立的水系已不能完全满足供水需求。此外瓮山西湖的堤坝年久失修,经常溃塌,导致周围的农田被淹,甚至威胁到附近皇家园林的安全。

为了解决这个问题,从乾隆十四年(1749年)冬天开始,朝廷对西北郊的水系开展了大规模的整治,一方面疏通更多的泉眼和水道以广泛开源,另一方面加挖西湖以形成容量更大的蓄水库,并增筑堤坝和水闸,使得整个水系焕然一新,不但可以满足京师用水之需,更进一步形成通畅的水上交通线路,还促进周围地区发展出更多的优质水田。新园林的建设正是在这次治水的背景下展开,也算是与水利工程成功结合的风景建筑典范。

然而,乾隆帝在文章中声称自己是在治水之后被动地决定修筑亭台以做点缀，这明显是托词。事实上清廷在治水、挖湖的同时，已经开始修整瓮山的山形，并在山南麓修建大报恩延寿寺，可见乾隆帝在动工治水之时早已有修建园林建筑的通盘计划，构筑亭台绝非事后找补之举。

修筑新园另有两个直接的原因。一是乾隆十六年（1751年）正逢乾隆帝的母亲崇庆皇太后钮祜禄氏六十大寿，需提前在此修建一座大型佛寺为太后祝寿，这组佛寺后来也成为新园的主体建筑；二是乾隆帝想把西湖的水面扩大用作水军训练基地。

崇庆皇太后画像（故宫博物院藏）

山、湖更名，正与这两个原因相呼应。瓮山改名万寿山，是为了强调为太后祝寿的含义；西湖改名昆明湖，更是大有典故可寻。原来早在一千八百多年前的汉朝，汉武帝为了讨伐西南夷昆明国，曾经将长安附近的皇家苑囿上林苑中的湖泊定名为昆明池，以模仿昆明国的滇池，并在其中训练水军备战。乾隆帝借用这个旧名，正为表明此湖与当年的昆明池一样，"兼寓习武之意"。

乾隆帝宁可食言也要在瓮山、西湖重启宏大的新园工程，最根本的原因在于这里确实是北京西北郊山水条件最好的一块地方。

乾隆初年，西北郊的皇家园林已经形成了比较完整的体系，但是所有已建园林的自然地形条件都不如瓮山、西湖。畅春园和圆明园都建在平地上，水景很丰富，山景则以人工堆叠的土山为主，高度有限，无法与真正的山峦相比；香山静宜园基本上是旱地园林，没有什么水；玉泉山静明园倒是山水兼具，可是水面比较小，难以形成壮观的江湖气魄。

相比之下，唯有瓮山、西湖一带既有完整的山形，又有辽阔的湖面，西面的西山诸峰在其外围构成极好的远景层次，东面则距离皇室长期居住的圆明园很近，往来极其方便，堪称整个西北郊地区无与伦比的地段，所以乾隆帝后来写诗赞美道："何处燕山最畅情，无双风月属昆明。"显然他也很得意自己独具慧眼，发现了这处最富有秀色的湖山基地。

还有一点很重要，那就是这块地方不像其他皇家园林那样已经经过前任皇帝的大规模建设，基本上还是一片处女地，可以完全由乾隆帝本人来主导策划，营造一座全新的皇家园林。

到了乾隆十六年（1751年），万寿山工程进展顺利，可是全国的受灾情况有进一步恶化的趋势，不但灾情不断，有些地方又出现了新的潮灾和虫灾。除了继续布置救灾、免税、放赈，这一年朝廷还有两件大事，一件自然是为皇太后举办六旬万寿盛典，另一件是从当年元月开始，乾隆帝与太后等皇室成员带着庞大的随行团队首次巡游江南，沿途官员士绅迎送不绝，铺金砌玉，竭尽豪华之能事。也就在这一年，皇帝正式把万寿山的新园林定名为"清漪园"，大概也是因为得意于园中的湖清波动。

乾隆十九年（1754年），清漪园工程已经完成了五分之四，共建成八十二处风景建筑；之后工程仍在继续，一直到乾隆二十九年（1764年）才宣告正式完工。

乾隆三十二年（1767年）七月，大学士、总管内务府大臣傅恒等在《查核万寿山等工用过银两折》中提到，万寿山修建工程实净销银共计四百四十八万二千八百五十一两九钱五分三厘。这个庞大的数目还不包括材料的折价费、大臣上缴的罚款、广东海关报效的银两等等，如果再加上地形改造、栽花种树、打造船只以及所有建筑的室内家具、陈设的费用，整个工程的花费可能是一个天文数字。

乾隆帝在《万寿山清漪园记》中说造园的钱来自皇家"内帑"而非国库，暗示自己没有额外耗费国力和民力。但他忘了，皇家内库的私房钱同样来自民脂民膏，如此巨额的享乐挥霍与当时正在发生的严重灾情形成鲜明的对照。好在正值"乾隆盛世"，朝廷并不缺钱，这次造园没有引起朝野很大的非议，也没有官员敢追究皇帝食言的过失。

新园林建成了，朝廷照惯例设置了清漪园总理园务大臣，负责日常所有的管理、维护事项，在总管以下还设了若干总领官员，下辖二百多名园户、工匠长年在院内承担养花、修缮工作，另有护军负责外围的安全保卫任务。

至此前后历时十五年，一座山清水秀、楼台巍峨的大型园林终于在北京西北郊万寿山崛起，并与香山静宜园、玉泉山静明园合称为"三山行宫"。这三座园林从东向西形成明显的轴线关系，又以东南面的长河、北面的水道和圆明园、畅春园以及西直门外的乐善园相连通，共同组成了更加完整的御苑系统，标志着清代的皇家园林达到空前绝后的极盛之境。

清代乾隆年间北京西北郊皇家园林分布图

乾隆帝在造园过程中，以杭州西湖的山水环境为蓝本，首先对园址原有的山形和水体进行了大规模的改造。工程中如何巧妙实现阴阳平衡？最终完成的清漪园与杭州西湖的相似程度有多高？西堤与苏堤是怎样的关系？且看本章。

筑山理水

<第二章>

05 祖孙三代的西湖梦

定都北方的皇帝大多对杭州西湖情有独钟。

* 艮岳 宋代宫苑名。宋徽宗政和七年（1117年）始建于汴京东北隅，宣和四年（1122年）竣工，初定名"万岁山"，后改名"艮岳"，亦称"华阳宫"。1127年金人攻陷汴京后被毁。

南宋李嵩绘《西湖图》（上海博物馆藏）

清漪园以万寿山和昆明湖为依托，整个山水形态逼真地模仿了杭州西湖的风貌。

中国自古就有"上有天堂，下有苏杭"的说法，而杭州最重要的风景胜地全在西湖一带，唐代以来文人题咏西湖风光的诗词文章多不胜数。西湖风景以苏堤春晓、柳浪闻莺、花港观鱼、曲院风荷、双峰插云、雷峰夕照、三潭印月、平湖秋月、南屏晚钟、断桥残雪十种景致为代表，号称"西湖十景"，不但世代被诗文传唱，还经常被刻画在瓷器、屏风、画片等各种工艺品上，几乎家喻户晓。

中国历代王朝大多定都于北方，但从北宋开始，不少皇帝都对杭州西湖的山水胜境很向往。宋徽宗在东京开封营造艮岳*，就将西湖南边的凤凰山作为假山的原型之一，将园西北部的辅山命名为"万松岭"，在此广植松树，有仿凤凰山万松岭的意趣。

金朝第四任皇帝海陵王完颜亮以北京的前身燕京城为首都，定名中都。他对杭州西湖十分挂念，曾经在派往南宋的使团中秘密安插画工，将杭州城和西湖风景全部画下来，回到中都后在宫殿的屏壁上重新绘为大图，还特意将皇帝本人的骑马形象画在城中吴山之上。完颜亮在画上亲题一诗："万里车书尽混同，江南岂有别疆封？提兵百万西湖上，立马吴山第一峰。"

为了实现这个愿望，完颜亮于正隆六年（1161年）九月亲自统领四路大军，向南宋发动全面攻击。可惜战斗不利，后院又起火，最后完颜亮本人在瓜洲行营中被部下所弑，功败垂成。

清代康、雍、乾三位皇帝对西湖的喜爱之情不在完颜亮之下，却比几百多年前的完颜亮幸运得多，有缘目睹西湖美景。

清代王翚等绘《康熙南巡图》卷（局部一）（加拿大阿尔伯塔大学博物馆藏）

康熙帝六次南巡，每次都要亲临西湖游赏，并于康熙三十八年（1699年）亲笔为西湖十景题名，康熙四十一年（1702年）又下旨在各景点勒石立碑。

雍正帝在位期间没有南巡，但继位前曾经以皇子身份陪伴父皇到过杭州，也领略过西湖的湖光山色，因此后来扩建圆明园的时候特意增添了一个"平湖秋月"景区，以求在局部再现西湖胜景，还为此景作诗："心月双圆镜，湖天一色秋。恍疑星汉里，缥缈玉京游。"

比起祖父和父亲，乾隆帝的西湖情结更加浓厚。他一生中六次南巡，不但每次都要造访杭州西湖，而且连续六次为西湖十景一一题诗，赞不绝口。他平

清代沈源、唐岱绘《圆明园四十景图》之《平湖秋月图》（法国国家图书馆藏）

清代董邦达绘《西湖十景图》卷（局部）（台北故宫博物院藏）

清代王翚等绘《康熙南巡图》卷（局部二）
（加拿大阿尔伯塔大学博物馆藏）

《康熙南巡图》中的桥梁、树木、楼阁细节

时游览皇家园林，常常拿眼前的风景与脑海中的西湖进行比较，认为避暑山庄的湖堤可与苏堤相媲美，感觉玉泉山的峰峦有点像西湖外围的双峰插云，香山静宜园的玉乳泉宛如西湖三潭印月，实在是对西湖念念不忘。

清帝虽然喜欢西湖，却无法把首都迁到杭州去，又想经常看到西湖美景，便努力在皇家园林中进行模仿。

乾隆帝继位之后陆续在各大御苑中大肆仿建杭州西湖的各处景致，例如在圆明园中就先后兴建了模仿西湖小有天园、花神庙

杭州西湖平面图
（引自《江南理景艺术》）

乾隆帝御笔《西湖十景》诗册（台北故宫博物院藏）

等名胜的景点，甚至还把园中另外九处景点也按照西湖十景来一一命名，凑成十景之全数。

但以上这些模仿都是局部行为，有的只是借用西湖风景之名，远未让乾隆帝感到尽兴。唯有在清漪园的建设中，乾隆帝才真正有机会完整打造出一片与杭州西湖形神皆似的山水景观。

实际上在清漪园开始建造的乾隆十五年（1750年），乾隆帝本人还没有到过杭州，也没有亲眼见过西湖美景。但他肯定对西湖向往已久，就在这一年还为画家董邦达所绘的《西湖十景图》题写了一首长诗，赞美西湖风光"晴光两色无不宜"，感叹北方的皇家园林中没有这样出色的山水景致。在此乾隆帝已经隐约透露出将在新园建设中更加彻底地模仿杭州西湖的企图。

清代沈源、唐岱绘《圆明园四十景图》中的三潭印月

之后在清漪园施工的十五年间，乾隆帝分别于乾隆十六年（1751年）、乾隆二十二年（1757年）和乾隆二十七年（1762年）完成了前三次南巡，每次均亲临杭州，在西湖湖畔流连忘返，进一步对杭州西湖有了直接的观感，题写了大量诗篇，这无疑对正在进行的清漪园仿建工程有更多的促进作用。

经过这么一番折腾，乾隆帝精心打造的清漪园仿佛是杭州西湖的孪生姐妹，从整体到局部都再现了钱塘风光。具体有哪些表现？且看下回。

06 兼收并蓄的北国江南

> 以杭州西湖为蓝本，经历挖湖堆山改造的清漪园，充满钱塘余韵。

北宋著名词人柳永写过一首《望海潮》描绘杭州西湖，其中以"重湖叠巘*清嘉"六字来总结西湖美景的主要特征。所谓"重湖"，是指西湖不但水面曲折，而且通过长堤划分，形成了外湖、里湖、岳湖等几重区域；"叠巘"就是"山峦重叠"的意思，因为西湖北岸有一座孤山，再北为葛岭，南岸有南屏山，西侧则有层叠起伏的群山作为屏障，山水相依，景观层次十分丰富。

巧合的是，清漪园北有万寿山，南有昆明湖，西面更有西山诸峰可以借景，本身的地形环境就与杭州西湖有几分相似，这成为模仿西湖风光的良好基础。但即便如此，清漪园的山峰脉络和水面形态仍然与杭州西湖存在很大差异，要想与后者高度相似，就必须进行大规模的地形改造。

* 巘 指山峰，如《水经注·江水》说"绝巘多生怪柏"，也用于形容大小成两截的山（《诗·大雅·公刘》云"陟则在巘"）或形状似甗（即蒸锅）的山。

清代关槐绘《西湖图》局部（台北故宫博物院藏）

颐和园

清漪园万寿山与昆明湖改造前后的对比图
（引自清华大学建筑学院编《颐和园》）

整治前　　　　　　　　　　　整治后

　　万寿山本身的山体比较低矮，也不够延展；昆明湖的水面大致为东南斜向的狭长形状，山与水的关系有些疏离。为了克服这一缺陷，湖山整治工程充分与治水工程相结合，湖面向东、向北大大拓展，一直抵达万寿山的南坡，挖出来的土方正好堆在山的东半部，在很大程度上改善了山的形状。如此一举两得，不但湖更宽阔、山更壮伟，而且实现了土方的阴阳平衡，反映出中国古代施工的杰出智慧。

　　杭州西湖中有几个大小不同的岛屿是重要点缀。清漪园在挖湖堆山的同时，也特意在水面上保留了三个大岛和两个小岛，同样成为水面上的景观焦点。

　　对山形和湖形做了大幅度改造之后，清漪园将原先瓮山泊东岸的一条堤岸保留下来，使其成为纵贯湖面西部的一道长堤，定名为"西堤"，也把昆明湖划分成"里湖"和"外湖"，而且又加了一道支堤，进一步把外湖分为两个部分。这样昆明湖就和杭州西湖一样，变成内外几层的"重湖"了。

杭州西湖的苏堤为北宋文学家苏东坡知杭州时所筑，纵贯全湖，长达2.8公里，堤上设有六座桥，两岸垂柳夹道，花草相间，是西湖最有代表性的景观，因此"苏堤春晓"也成为西湖十景之首。清漪园昆明湖中所建的西堤位置、走向均与苏堤相同，而且同样在堤上筑有六桥以做串联。

苏堤六桥分别名叫映波桥、锁澜桥、望山桥、压堤桥、东浦桥和跨虹桥，虽然长度、跨度各不相同，但清代中叶的造型均是清一色的石拱桥，如长虹卧波般依次横跨在水上。

按照《日下旧闻考》的记载，清漪园西堤这六座桥的名称由南至北分别叫界湖桥、练桥、镜桥、玉带桥、桑苎桥、柳桥。光绪时期重建颐和园，练桥、镜桥、玉带桥仍保留原名，将界湖桥与柳桥之名互换，桑苎桥改名为豳风桥。

其中玉带桥和柳桥（即现存的界湖桥）为石拱桥，造型类似苏堤六桥。其余四桥都是亭桥，桥上分别建了四种不同造型的亭子，如镜桥上是一座重檐攒尖顶*六角亭，练桥是一座重檐攒尖顶方亭，界湖桥（即现存的柳桥）上建有一座重檐歇山顶*方亭，桑苎桥（即现存的豳风桥）上则建了一座重檐歇山顶的长方形亭榭。

清漪园西堤的乾隆御制诗碑刻　　杭州西湖的苏堤风光

* 攒尖顶 中国传统建筑屋顶形式之一。整体呈锥形，通常用于圆形、六角形、方形等平面的建筑物上，形成圆攒尖和多边形攒尖。

* 歇山顶 又称"九脊殿"，中国传统建筑屋顶形式之一。由四个倾斜屋面、九条屋脊和屋顶两侧形成的三角形墙面组成。分单檐歇山顶、重檐歇山顶两种，后者即在前者下方再加一至二层环绕四周的屋檐。

镜桥六角亭

镜桥（楼庆西/摄）

桑苎桥（后改名豳风桥）

练桥的主体建筑

练桥的天花藻井

练桥的桥栏

练桥立面图(清华大学建筑学院测绘)

第二章 筑山理水

亭桥本是扬州瘦西湖的一大特色，杭州西湖较少设置，清漪园中却建有数量较多的亭桥，表现出对江南名胜兼收并蓄的创作意图。两座石拱桥的造型也不一样，柳桥（即现存的界湖桥）采用方形石拱，玉带桥则采用形如玉带的半圆形拱，体现出微妙的变化。

1 界湖桥（后改名柳桥）
2 柳桥（后改名界湖桥）
3 玉带桥的拱洞
4 玉带桥顶部桥栏

第二章 筑山理水

杭州西湖与清漪园平面比较图
（引自清华大学建筑学院编《颐和园》）

整体而言，西堤六桥的造型比苏堤六桥更复杂，二者的细部并不相同，但乾隆帝在诗中仍一再声称"六桥原不异西湖"，强调这西堤六桥与苏堤六桥的亲缘关系，甚至有一次坐船从玉带桥下过，还作诗自我解嘲说："荡桨过来忽失笑，笑斯着相学西湖。"意思是自己如此卖力地模仿西湖，未免有点太露骨了。不过语气中仍然透露出一丝得意。

清漪园以杭州西湖为蓝本，在原有真山真水的基础上进行了精心的整形改造，最终完成的主体格局几乎可以与杭州西湖一一对应。昆明湖虽然尺度略小于西湖，但二者平面轮廓基本一致；西堤和苏堤一样均呈东南—西北方向布置，而且都建有六座石桥；万寿山与孤山一样都位于湖北岸，万寿山中部位置的大报恩延寿寺也与孤山中部的康熙行宫一样居于主导地位；而清漪园以西的玉泉山、香山等山峰也如同西湖西侧的群山一样，成为可以凭眺的远景；万寿山山北有一弯曲折狭长的后河，也正相对于孤山北面的里湖。二者对照，几如孪生姐妹。如此高度相似的大规模仿建，也是清代皇家园林中绝无仅有的例子。

乾隆帝不但在清漪园的整体格局上模拟杭州西湖，还忍不住在三个局部继续仿建杭州的名胜。一处是万寿山西南位置的长岛，仿西湖孤山的西泠定名为"小西泠"，其景致同时又参照扬州瘦西湖的四桥烟雨；一处在昆明湖的西南角，建有一座睇佳榭，仿照的是西湖丁家山的蕉石鸣琴；还有一处在大报恩延寿寺的北面，借鉴杭州六和塔修建一座九级宝塔，可惜后来宝塔没有建成就发生坍塌。

尽管少了一座形似六和塔的建筑，清漪园依然不失为杭州西湖的最佳翻版，充满了钱塘余韵，让乾隆帝每次游览都感觉仿佛重回烟花春雨中的杭州西湖，并一再在诗中感叹"分明胜概西湖上""乍因缀景忆西湖""湖光设若拟西子""西子风光想象中"。显然，在这里皇帝的西湖情结得到了最大的满足。

07 山水中的太极与福寿

> 清漪园衔山抱水的形状大有奥妙可寻。

清漪园的地形经过人工塑造之后,不但与杭州西湖的山水格局更为近似,同时也形成了"衔山抱水"的特殊形态。

万寿山东部被加高后,还特意向南拐出一段,好像要把水面兜住;昆明湖由西向北延伸,又在万寿山的后山开辟出一条狭长的后溪河,把整个山峰环抱在水中。同时,后山脚下独立的惠山园中留有一片水池,而湖面上则留有几个岛屿,如此一来,山和水融合得非常紧密,不但彼此咬合,还做到"你中有我,我中有你"。

如果把陆地看作是"阳",水面看作是"阴",再仔细琢磨一下清漪园的平面图,会觉得这种水陆交错的图形很像是太极图的一个变体。

中国古典园林有一个传统,就是喜欢凑足一定数量的景名以形成八景、十景之类的全套,很多名胜风景区也有类似的设置。清代皇家园林尤其重视这种成套的景点系统,比如圆明园有四十景,静宜园有二十八景,避暑山庄有前后三十六景,如此等等。为此鲁迅先生曾在《再论雷峰塔的倒掉》一文中说:"我们中国的许多人……大抵患有一种'十景病',至少是'八景病',沉重起来的时候大概在清朝。"乾隆帝很可能是最有"十景癖"的皇帝,特别喜欢在皇家园林中大题"八景""十景""三十六景"乃至"四十景"。

不过清漪园算是一个例外，既没有像其他皇家园林那样分出三十六景或四十景，也没有沿用其原型杭州西湖的十景。整个清漪园并非圆明园那种由很多松散的景区组成的集锦式花园，而更像是一部首尾连贯、情节紧凑的大戏，包含前奏、铺垫、转折、高潮、结束，从始至终承传起合，一气呵成，令人叹为观止。

从整体布局的角度可以把清漪园分成四个大的组成部分：宫廷区、前山区、前湖区以及后山后河区。这四个部分衔接得很紧密，前山与前湖尤其表现出互相依托的局面，但又分别显示出独特意境。这种布局方式也被后来重建的颐和园完全继承，今天我们仍然可以充分领略到这种山水与楼台和谐共生的美妙景象。

万寿山东西长1 000米，南北最宽处有120米，山高60米左右，从南北方向看比较陡峭，从东西方向看则显得比较平缓。园中最重要的建筑群大报恩延寿寺就位于前山中央，山坡和湖北岸还分布着很多大大小小的亭台楼榭，是清漪园最核心的区域。前山建筑密度虽然比较大，但与山林背景很好地融合在一起，各自所占的比例很恰当。

清漪园的山水阴阳关系示意图

乾隆时期清漪园总平面图（黄晓根据清华大学建筑学院编《颐和园》重绘）

1 东宫门 2 二宫门 3 勤政殿 4 茶膳房 5 文昌阁 6 知春亭 7 进瀛门 8 玉澜堂 9 夕佳楼 10 宜芸馆 11 怡春堂 12 乐寿堂 13 含新亭 14 赤城霞起 15 养云轩 16 乐安和 17 餐秀亭 18 长廊东段 19 对鸥舫 20 无尽意轩 21 意迟云在 22 写秋轩 23 重翠亭 24 千峰彩翠 25 转轮藏 26 慈福楼 27 大报恩延寿寺 28 罗汉堂 29 宝云阁 30 邵窝 31 云松巢 32 山色湖光共一楼 33 鱼藻轩 34 长廊西段 35 听鹂馆 36 画中游 37 湖山真意 38 石丈亭 39 浮青树 40 寄澜堂 41 石舫 42 蕴古室 43 小看天 44 延清赏 45 西所买卖街 46 旷观堂 47 芥舟 48 五圣祠 49 水周堂 50 小西泠（长岛）51 宿意门 52 北船坞 53 如意门 54 半壁桥 55 绮望轩 56 看云起时 57 澄碧亭 58 陜春园 59 味咸斋 60 构虚轩 61 绘芳堂 62 嘉荫轩 63 妙觉寺 64 通云 65 北宫门 66 三孔桥 67 后溪河买卖街 68 后溪河船坞 69 须弥灵境 70 云会寺 71 善现寺 72 黄辉 73 南方亭 74 花承阁 75 云绘轩 76 昙花阁 77 延绿轩 78 惠山园 79 霁清轩 80 东北门 81 邢律楚材祠 82 二龙闸 83 铜牛 84 廓如亭 85 十七孔桥 86 广润祠 87 绣漪桥 88 鉴远堂 89 南湖岛 90 凤凰墩 91 绣漪闸 92 畅观堂 93 藻鉴堂 94 玉带桥 95 治镜阁 96 柳桥 97 镜桥 98 畅观堂 99 治镜阁 100 桑苎桥 101 延赏斋 102 耕织图 103 蚕神祠 104 耕织图船坞 105 界湖桥 106 青龙桥

乾隆帝曾经有一首诗说："金山屋包山，焦山山包屋。包屋未免俭，包山未免俗。……山包屋亦包，丰啬适兼足。"表达了他对山地景观建筑与自然山体的辩证关系的看法，大概意思是说镇江的金山上建筑密度很大，房屋把整个山都包住了，所以叫"屋包山"；而镇江的另一座名山焦山的建筑密度很小，山林完全把房屋淹没了，所以叫"山包屋"。

乾隆帝指出"山包屋"显得太寒酸，"屋包山"又显得太俗气，最好是建筑与山各占一定比例，彼此相得益彰，互相融合，才达到最佳效果。应该说这个看法是很高明的，万寿山建筑群正是出色地处理了"屋包山"与"山包屋"的矛盾，景色明显胜过金山和焦山。

清漪园全园面积达到295公顷，在所有皇家园林中仅次于避暑山庄，其中昆明湖的水面面积就达到227公顷，超过整体面积的70%。这么大的湖面在清代皇家园林中排名第一，无与伦比。湖的南北最长处有1 930米，东西最宽处有1 600米，西北和东南两端收缩，分别与通向后溪河的水道以及来自西直门方向的长河相连。湖中景致疏朗，除了模仿杭州苏堤的西堤之外，西北部另有一片相对独立的狭长水域。大湖被长堤划分为里湖、北外湖、南外湖三个部分，每片水面都筑了一个大岛，分别名叫南湖岛、治镜阁和藻鉴堂，里湖靠近东岸还筑有南北两个小岛。

古代佚名绘《福寿图》（清华大学建筑学院提供）

后山后河指万寿山的北坡以及紧邻的曲折溪河，二者密不可分，完全融合为一体。后山的坡度比前山要缓和一些，其中还隐藏着两条山涧，分别叫东、西桃花沟，由它们将收集的雨水纳入后溪河中。这一带沿着山坡和河岸设置寺院、河街和一些小园林，景色深幽，与前山的宏伟和前湖的壮阔形成极其鲜明的对比。

如果仔细端详清漪园的总平面图，会有另一个有趣的发现：万寿山的形状有点像一只展翅的蝙蝠，而昆明湖的轮廓则仿佛一只桃子。中国古人以蝙蝠象征"福"，以桃子象征"寿"，经常拿这两样东西画成一幅《福寿图》。建造清漪园的原因之一是为皇太后祝寿祈福，确实有可能故意将《福寿图》藏在山水形状之中，但这个说法没有找到任何清代文献的证据，只能算是现代人的猜想。

清漪园（颐和园）的前山建筑与山体关系分析
（引自清华大学建筑学院编《颐和园》）

第二章　筑山理水

清漪园的主要建筑集中于宫廷区和前山区，包括华丽的殿堂、蜿蜒的长廊、巍峨的楼阁、灵巧的亭榭、高大的关隘和精致的石舫。清漪园的正宫门为什么朝东开设？长廊到底有多长？乾隆帝为什么拆除已经完成大半的宝塔而改建佛香阁？佛香阁的造型有什么奥妙？且看本章。

宫室楼台

<第三章>

08 勤政与乐寿

> 乾隆帝对工作和生活的两大基本态度：外朝名为"勤政"，内寝以"乐寿"为题——上班时间好好工作，业余时间快乐玩耍，而且长命百岁。

《崇庆皇太后万寿盛典图》中的清漪园勤政殿（故宫博物院藏）

清代皇家园林大多在靠近园林宫门的地方设置一片宫廷区，作为长期或临时办公、居住的场所。这种宫廷区一般都由几组比较规整的殿堂组成，格局与园中其他景区有些不同，仿佛是紫禁城具体而微的一个缩影。

　　清漪园在乾隆时期只是三山行宫之一，并非清帝长期居住的宫殿，而且距离最重要的离宫圆明园很近，因此乾隆帝一般来清漪园游玩后会当天回圆明园或接着去静明园，并不在此住宿，也很少在这里处理政务和接见大臣。但清漪园仍然设有独立的宫廷区，而且也和紫禁城一样分为外朝和内寝两个部分。

宫廷区位于万寿山东南侧的平地上，正门东宫门面朝东方，不像其他皇家园林那样朝南设置宫门，在清代御苑中属于罕见的特例。如此处理的主要目的就是为了正对从东而来的御道，直通圆明园，以方便皇帝往来游观。

宫门外设有两座南北相对的朝房，由此向西依次经过东宫门和二宫门，就来到行宫正殿勤政殿，采用七间歇山顶形式。院子的南北两侧各设了一座配殿，构成了外朝部分的大致格局。清朝皇家园林中有不少殿宇起名"勤政殿"，为的是提醒皇帝在游山玩水之余也要勤于政事，不忘国家大事。

勤政殿以西为内寝区域，有乐寿堂、玉澜堂、宜芸馆等大型四合院，其中玉澜堂是临时办公、进膳的地方，宜芸馆是书斋，而乐寿堂则按寝宫进行布置，后者在所有的殿堂中规模最大，与紫禁城宁寿宫的乐寿堂性质很相似。"乐寿"二字出自《论语》"知者乐，仁者寿"的典故，标榜皇帝是"仁者"和"知（智）者"，同时也有"安乐长寿"之意。

外朝号称"勤政"，内寝以"乐寿"为题——意思是上班时间好好工作，业余时间快乐玩耍而且长命百岁，代表了乾隆皇帝对工作和生活的两大基本态度，倒也值得今人赞赏。

需要说明的是，乾隆帝在位期间从来不在清漪园过夜，只打算将乐寿堂作为自己当满六十年皇帝退位后的居住场所之一，但实际上他在三年太上皇期间也没在这里住过，此处纯是摆设。由此可见，皇帝真正的乐寿之地是清漪园辽阔的湖山而非某座具体的建筑。

清漪园宫廷区平面图（引自清华大学建筑学院编《颐和园》）

09 穿过玉带长廊

> 长廊是一条变幻的风景线,也是缀满故事的画廊,它像一条长长的飘带,镶嵌在山水之间。

从宫廷区去往风景更优美的前山,需要穿过一道美丽的长廊。

长廊位于万寿山脚下,依临昆明湖北岸。目前我们看到的现状完全按照清漪园时期的旧貌重建,就像一条长长的飘带,镶嵌在山水之间。

这条画廊以乐寿堂西侧的邀月门为起点,向西一直延伸到西部的石丈亭,共273间,全长达到728米。这是中国古典园林中最长的一段廊子,1990年被载入《吉尼斯世界纪录大全》。

廊子中间依次点缀着留佳、寄澜、秋水、清遥四座亭子,象征一年四季,好像飘带上的四个纽扣,成为长长路线上的分节停顿点,同时这些亭子的内部梁架也富有华丽的装饰,引人驻足观赏。为了进一步避免单调的感觉,长廊东西两段是笔直的,靠近万寿山中央位置的一段则变成弯曲的弧线,显得非常灵活。长廊的东西部还建有两座水榭向南延伸至湖岸边缘,一座叫"对鸥舫",另一座叫"鱼藻轩",体现出与湖水的亲密关系。

邀月门

长廊内光影婆娑

留佳亭内景

文思光被

秋水亭

长廊打造的景框效果

廊子作为一种辅助性的建筑，在园林中的功能很多。既可以串联游线，又可以起到围合、分隔的作用。由于廊子内部都是架空的，具有半遮半透的特殊效果，最适合形成一个景框，并成为过渡性的景观层次。

从昆明湖往北岸看，万寿山前的空地上依次设有一排汉白玉栏杆、两排柏树和一排长廊，虚虚实实，变化微妙。

清漪园长廊最出名的是其中包含14 000多幅彩画。这种彩画形式叫"苏式彩画"，一般是在梁枋上画一个接近半圆形的轮廓，称作"包袱"，主要的画面就画在"包袱"中，描绘的大多是民间传说、神话故事、历史人物、戏剧场景、山水风光、花鸟鱼虫等，内容包罗万象，色彩艳丽，富有民间气息。这组美妙的连环画卷堪称生动的中国历史文化教科书，与周围的山水相映生辉。

1 长廊彩画之黛玉焚稿
2 长廊彩画之山水风景
3 长廊彩画之西游故事
4 长廊彩画之孔融让梨
5 长廊西侧清遥亭内的"云郁河清"匾额及《三国演义》"三英战吕布"故事彩画

第三章 宮室楼台

⑩ 功德圆满延寿寺

> 清漪园最核心的建筑是一组大型佛寺，高居万寿山山腰，恍如瑶台重现。

大报恩延寿寺位于万寿山中央位置，是清漪园最核心的景观建筑，同时也是一座很完整的山地佛寺。

这组建筑由南至北按照不同的高度形成一级一级的台地，一共有六个不同的高度，总高差达到60米，从山下逐渐升高到山上，并以一条非常明确的中轴线贯穿始终，显得法度严谨。

寺院在临湖的地方开辟了一片广场作为前导空间，上面建了三座牌楼，还设置了高大的旗杆作为标志。广场两侧放置了十二块湖石，带有基座，形态各异，据说象征着十二生肖。

寺院的山门兼作天王殿，和民间很多寺庙一样中间供奉弥勒佛，两侧布置四大天王的塑像。山门立面东有鼓楼，西建钟楼，左右相对。北面跨过水池石桥，登上大台基，就来到大雄宝殿。这是一座五间大殿，内部照例供奉三世佛像，台基上布置了铜鼎、铜缸之类的陈设。

大雄宝殿东西两侧各有一个偏院。东偏院里是一座慈福楼，两层五间，楼下供奉观音、文殊、普贤三大士，楼上供卢舍那佛，北侧设有三间后罩殿，是帝后礼佛时的临时休息处。

西偏院有一座平面呈"田"字形的建筑，名叫罗汉堂，悬挂"祗树园"匾。堂内供奉五百罗汉塑像，或坐或立，或散或聚，气息生动。堂前水池平面为八角形，象征着"八功德水"＊；院子里还架木为山，有曲折小径可登，另外种了八株玉兰，象征"天龙八部"。

＊ **八功德水** 佛教用语，指极乐世界的七宝池中充盈着有八种殊胜功德的水，又称"八定水"，具有澄净、清冷、甘美、轻软、润泽、安和、除饥渴、增长养育六根等八种特质。

清漪园大报恩寺位置示意图

《崇庆皇太后万寿盛典图》中的大报恩延寿寺（故宫博物院藏）

第三章 宫室楼台

清漪园大报恩延寿寺复原平面图
（引自清华大学建筑学院编《颐和园》）

大雄宝殿的北面是多宝殿，台基比南边高出19米，需要沿着八字形的磴道登上去。再北是更高的台地，上面建有一座宏伟的佛香阁。继续延西折陡峭的山径向里走，可抵达最高处的众香界牌坊和智慧海殿，前山中轴线结束。

东北和西北侧又各有一个独立的院落，分别以转轮藏殿和宝云阁为中心，其中建筑屋顶大都覆盖着黄绿两色相间的琉璃瓦。

东北侧的院子坐落在山石围合的台地上，中央是三间正殿，其实是一座两层重檐楼阁，匾额上题有满汉双语"转轮藏"三字。屋顶造型非常特别，由三座正方形的攒尖顶并联而成，福禄寿三星各据其一。室内的楼上安放了一座八角形的木塔，供奉六百九十六尊擦擦佛*。

真正的转轮藏并不在正殿中，而是藏在正殿两侧的八角形平面的配楼里。楼内分别设置了一座上下贯通的四层木塔，外面绘满图画，里面贮藏佛像、佛经，中央有一根轴，可以转动——据说每转动一圈，就相当于念了一遍经。这两座配楼内部空间狭小，无法设置楼梯，需要从旁边假山的山洞中登上二层，同时还通过架空的廊子与正殿的二楼相连。

转轮藏前面竖立了一座大型石碑，造型古朴，明显模仿河南嵩山"大唐嵩阳观纪圣德感应之颂碑"的碑体形式，上刻"万寿山昆明湖"六个大字，背面还刻了乾隆帝的另一篇御制雄文《万寿山昆明湖记》。

"万寿山昆明湖"碑

* 擦擦佛 "擦擦"一词源自古印度中北部的方言，意思是"复制"，擦擦佛是一种用模具制成的泥塑佛像，尺寸较小。

颐和园

72

1 转轮藏建筑群
2 转轮藏正殿
3 转轮藏正殿立面图（引自清华大学建筑学院编《颐和园》）
4 转轮藏八角配楼室内的藏经木塔
5 转轮藏正殿旁侧的八角配楼

第三章 宫室楼台

1 宝云阁天花藻井
2 宝云阁
3 宝云阁建筑群

　　寺院西北侧的院子同样位于山石环绕的台地上，四面各建一座配殿，四角位置各立一座重檐方楼，中央有一座黄铜铸造的宝云阁，高7.5米，重达207吨，其内供奉释迦牟尼佛。宝云阁院落由中央的铜阁和四面的配殿、四角的方亭组成，其布局象征着佛教密宗的曼荼罗，意喻"万德圆满"、众神聚集。庭院北侧还有一座五方阁，下临大块石壁，喇嘛诵经时可以在壁上悬挂藏传佛教"护法金刚"的巨幅绣像。

　　特别需要说明的是，清漪园后来曾遭大规模的焚烧破坏，现存建筑大多是光绪年间重建而成，但转轮藏和宝云阁这两组特殊的建筑却是乾隆时期的原物，一直幸存至今，尤为珍贵。

　　整组建筑中轴线上的山门、大殿、多宝殿、佛香阁、牌坊、智慧海层层升高，段落分明，错落有致，而且每一层台地都成为往下俯瞰昆明湖、玉泉山以及园外农田的最佳观景台。东西两侧的院落、楼殿、游廊位置逐渐降低，大致形成对称的格局，加上茂密的林木背景，显得无比恢宏壮丽，摄人心魄。

11　巍巍佛香阁

佛香阁是整个清漪园的标志性建筑，其前身却是一座九层宝塔。

位于万寿山前山中央的佛香阁

杜牧有一句诗很有名："南朝四百八十寺，多少楼台烟雨中。"江浙地区佛教昌盛，名刹遍布，还保存着许多建造奇巧的古塔。乾隆十六年（1751年），皇帝首次南巡，游山玩水之余，见寺就进，见佛就拜，看中了江南的两座宝塔，决定在北京的皇家园林中进行仿建。

一座是江宁（今江苏南京）大报恩寺塔，九层楼阁式，明代永乐年间建造，通体以琉璃砌筑而成，极为华丽，曾经被传教士誉为"世界七大奇迹"之一。乾隆帝令人在北海大西天的北部也按此塔样式建一座琉璃塔。

另一座是杭州开化寺六和塔，始建于南宋时期，位于钱塘江畔的月轮山上，历代屡次修缮，乾隆年间的形制为七层砖芯木檐楼阁式塔。乾隆帝以此塔为原型，下旨在清漪园大报恩寺后部的台地上建造一座更高大的九层宝塔。

工程艰巨，进展很慢，宝塔到乾隆二十年（1755年）才盖到第五层，高度超过周围茂密的树梢，日渐醒目。乾隆帝喜滋滋地作诗说："塔影渐高出岭上，林光增密锁岩阿。"

乾隆二十二年（1757年）塔终于盖到第八层，大有入云之势。乾隆帝又写诗说："隔岁山容忽入夏，阅时塔影渐横云。"

次年（1758年）眼看就要大功告成的时候，工地上突然发生重大事故，塔身坍塌。祸不单行，北海大西天同时发生火灾，那座琉璃塔居然被烧毁了。

这时候有人发现明末清初学者孙承泽所著《春明梦余录》记载"京师西北隅不宜建塔"，原因是会影响风水。乾隆帝对这个荒谬的说法将信将疑，更担心这两次工程事故是上天对他大兴土木的警告，写了一首《志过》诗检讨自己的行为："延寿仿六和，将成自颓堕。梵寺肖报恩，复不戒于火。……罢塔永弗为，遂非益增过。"声称以后不再建塔。

清漪园工地上剩下的烂摊子还得收拾。乾隆帝下旨将剩余的塔身全部拆除，改在原址重新建一座大型楼阁，这就是后来的佛香阁。

但实际上所谓的"天意示警"，纯粹是无稽之谈——乾隆帝如果真的相信这个说法，应该停止清漪园的一切工程而不会继续修建佛香阁；"京师西北隅不宜建塔"的理由也不成立，因为清漪园西侧的玉泉山上便修建了一座玉峰塔，一直好端端地矗立到今天，丝毫无恙。后人推测乾隆帝之所以放弃建塔改建楼阁，可能还是更多地考虑了景观的因素。

万寿山东西方向很宽阔，山势平缓，甚至没有明显的顶峰。一般风景区中都喜欢选择陡峭的峰顶来建塔，以进一步增加尖削冲天的气势，但万寿山这样平缓的山坡就不太适合以塔为标志建筑。同时，旁边的玉泉山上已有了一座宝塔，这里再建一座塔无疑也显得重复，犯了造景的大忌。随着塔的逐渐升高，艺术修养较高的乾隆帝肯定也发觉当初的考虑欠周到，在此复制一座六和塔很可能成为败笔，因此施工中发生坍塌事故正好给了他一个另起炉灶的机会。

清代《南巡盛典》中的杭州六和塔形象

从最终的结果来看，佛香阁体量雄伟宽阔，比瘦高的宝塔显气派得多，而且正好位于万寿山山腰的较高处，与最高的山脊还有一段距离，使得整个楼阁就像是坐在一把太师椅上，沉稳安详。在此阁与山达到完美的和谐，再加上南面大片湖水的映衬，成为清代皇家园林中最出色的一个图景。

佛香阁原建筑在咸丰十年（1860年）被英法联军烧毁，现存者为光绪时期重建，但完全保持了乾隆时期的原样。楼阁位于一个四面围廊的方形院子正中，本身采用八角形平面，从外面看有四层屋檐，里面分为三层。第一层供奉了一尊明代万历年间铸造的千手观音像，第三层供的是旃檀佛。屋顶采用攒尖式样，就是和宝塔、亭子一样，在最高处做一个宝顶，各个檐角都有一条屋脊与宝顶相连，昂然矗立于半空之中。

佛香阁的三维模型

佛香阁与湖上倒影（楼庆西／摄）　　佛香阁内观音像

为进一步烘托佛香阁的雄伟气势，施工者还特意在其台基周围叠了很多石头，也就是在真山的山坡上再加局部的假山，显得整座建筑更加挺拔。

这座佛香阁从台基到最上面的宝顶一共高36.44米，在中国现存所有的古代木构建筑中仅次于山西应县佛宫寺的释迦塔和河北承德普宁寺的大乘阁，在清代皇家园林所有楼阁中则排名第一，地位非常高。

佛香阁近景

12 五彩斑斓的琉璃世界

> 众香界和智慧海居于万寿山最高处，以超出凡尘的无上华丽来象征佛国净土世界。

佛香阁的上面还有两层高台，通过崎岖的山石磴道往上攀登，迎面是一座大型琉璃牌坊"众香界"。牌坊共分为三间，全部用砖石修砌，每间以白色石头做一个拱券门洞。墙身下部为红色，上部以彩色琉璃装饰，对比强烈。

佛教认为东方净琉璃世界和西方极乐世界都是最理想的净土。《维摩诘所说经》提到"有国名众香，佛号香积"，"其界一切皆以香作楼阁，经行香地，苑园皆香，其食香气，周流十方无量世界"。说的是香积佛国中处处充满香气，天女在空中散香花，地上的楼阁均以鲜花点缀，苑园的一切物品都用香料熏染，殿堂里香烟缭绕。清漪园的这座牌坊以"众香界"为名，便象征着香气四溢的佛国净土。

文学中有一种特殊的修辞手法叫作"通感"，又叫"移觉"，在描述客观事物时，用形象的语言使感觉转移，将人的听觉、视觉、嗅觉、味觉、触觉等不同感觉互相沟通、交错，彼此挪移转换，将本来表示甲感觉的词语移用来表示乙感觉。

比如宋代诗人宋祁《玉楼春》词"红杏枝头春意闹"，故意用表示声觉效果的"闹"字来形容红杏蓬勃绽放的视觉形象。再如朱自清先生《荷塘月色》有两个类似的句子："塘中的月色并不均匀，但光与影有着和谐的旋律，如梵婀玲上

"众香界"牌坊

唐代敦煌壁画中的净土世界
（引自《敦煌壁画全集》）

第三章 宫室楼台

奏着的名曲。""微风过处，送来缕缕清香，仿佛远处高楼上渺茫的歌声似的。"前一句用琴声来形容参差的月色，后一句用歌声来比喻荷花若有若无的清香，看似无理，却又显得生动贴切，令人印象深刻。

中国古代园林中主要依靠桂花等馥郁芬芳的花卉来散发香气，但很多香气浓厚的植物在北方地区不易种植，开花的时间也短，效果不甚理想，而且难以同时呈现多种香气。因此清漪园在这里采用类似"通感"的方式，以琉璃的五色来替代五味杂陈的"众香"，让人由视觉联想到嗅觉，四季恒久，永不消退，更接近佛经中的描写，堪称妙笔。

万寿山山顶处还修建了一座大型佛殿智慧海。这座重檐大殿面阔五间，体量硕大，出檐较短，显得比较敦厚。其最大的特点是一反中国木结构建筑的传统，全部用砖砌筑而成，没有使用梁、柱等木材构件，因此俗称"无梁殿"。

这种形式的建筑在明朝非常流行，比如南京灵谷寺、峨眉山万年寺、五台山显通寺都有类似的无梁殿保存至今。另外，明代北京的皇家档案馆叫作"皇史宬"，其主体建筑为了防火而放弃使用木结构，也采用"无梁殿"形式。智慧海的建造年代比这几座无梁殿要晚，也远比它们华丽。

殿内中央供奉观音菩萨，文殊、普贤两位菩萨居于两侧。其屋顶为歇山形式，以黄、绿、紫、蓝各色琉璃装饰，屋脊也用琉璃刻成各种卷草图案。外墙全部则以黄绿两色琉璃砌成，其中包含着1 008个小佛龛，每龛内雕刻一座小佛像，璀璨炫目，以浓墨重彩的方式为前山建筑群画上灿烂的最后一笔。

咸丰十年（1860年）英法联军焚掠清漪园时，众香界和智慧海因为其砖石琉璃质地未被烧毁，幸存下来，但智慧海墙面上的很多佛像都被砸坏头部。

1 智慧海正面（楼庆西/摄）
2 智慧海佛龛装饰
3 南京灵谷寺无梁殿

13　八面风光画中游

> 清漪园的每个景点都是一幅立体的山水画，
> 游园的过程如同身在画中。

颐和园画中游建筑群立面图（引自清华大学建筑学院编《颐和园》）

0　　　　　　　　10m

中国古典园林特别重视景观与游人的互动关系，强调通过人的视觉、嗅觉、听觉、触觉来全方位感受景观的优美意境，也需要通过人在园中的移动来实现"移步换景""如行画中"的效果。清漪园的景点"画中游"就深刻地体现了这个特点。

"画中游"位于万寿山的西部转折处，位置高出湖面30多米，视野很开阔。景点主体建筑是一座八角形的楼阁，北侧建有澄辉阁、爱山楼、借秋楼三座小楼和两座八角形的重檐小亭，彼此用一种爬山游廊串联一体，布局高下参差。

这里的山体较陡峭，坡度接近25°，相互遮挡少，使得建筑形象得以全部显露出来，也便于观者从不同高度、不同视角充分欣赏周围的风景。屋顶铺设蓝绿琉璃瓦，周围加一圈黄色琉璃瓦，这种形式叫作"剪边"。

那座八角形主楼不设台基，柱子直接立在凹凸不平的山石上，登上二楼，四方八面都以柱子和横楣构成完整的画框，依次看去，便形成八幅远近宽窄各不相同的

画中游主楼立柱

画面，清澈的湖面、隐隐的青山、挺秀的宝塔、崎岖的山石、长长的石桥，无一不是绝佳的构图，美不胜收。乾隆帝当年就对此深有感触，特意用"层楼雅号画中游，四面云窗画景收"的诗句来描绘这一妙境。

重檐小亭与爬山游廊

借秋楼

画中游主楼侧影（楼庆西／摄）

画中游南望昆明湖岛屿（楼庆西／摄）

1 画中游西望玉泉山
2 画中游近观山石小亭
3 广州番禺余荫山房的玲珑水榭

　　这组建筑不但易于形成赏画似的观景效果，本身造型也很别致，与陡峭的山崖融为一体，又成为园中其他地方重要的赏景对象。其实，在清漪园中，每一处地方都身负观景和点景两大功能，且两者彼此关联，"画中游"更是其中典型，身在其中的游人既是观画的主体，也是画中的有机组成要素。

　　广州番禺有一座岭南名园名为余荫山房，园中辟八角形水池，池中有设一座八角形平面的玲珑水榭，取"八面玲珑"之意，体量偏大，是主宾聚会的场所。此建筑四个宽阔的正边各设长窗，四个收窄的侧边各开一门，八边分别面对假山、池桥、果树、雀笼等八种不同的景致，手法与清漪园"画中游"非常相似，两园南北呼应，堪称绝妙。

清漪园中的楼阁建筑数量很多，除了最高的四重屋檐的佛香阁，还有三重檐的望蟾阁、文昌阁、昙花阁、山色湖光共一楼、湖山真意楼，两层的景明楼、治镜阁、凤凰楼、夕佳楼等，大部分散布在前山和前湖周围，凸起于山坡水际的树梢之上，成为各段局部风景的中心焦点，其高大的体量与壮伟的山形、宽阔的湖面互相映衬，景致轮廓高低错落，形成极为和谐的画面。

山色湖光共一楼

这些楼阁每一座都有自己的特色。例如夕佳楼位于玉澜堂和宜芸馆之间跨院的西侧，其后窗傍晚时分正对夕阳。山色湖光共一楼位于前山山脚下，与昆明湖之间隔着长廊，在此可近赏山石，远眺碧波。湖山真意楼位于前山山脊的西端，下临陡坡，向西观景的视线最好，面对玉泉山和西山诸峰，可充分体会陶渊明"此中有真意，欲辨已忘言"的意境。

昙花阁是一座两层三重檐的高大建筑，在前山区域的十几座楼阁中地位仅次于佛香阁。其平面为六角形，象征被誉为佛教圣花的六瓣昙花，造型非常独特。此阁所处位置也十分优越，最宜向南观赏昆明湖、南湖岛和十七孔桥，在阴雨天里很有朦胧淡雅的意境，月明之际也更有爽净之气。

此阁后来被英法联军烧毁，光绪年间重建时没有恢复原来的样式，而是改建成一座平面为"十"字形的单层建筑。建筑虽为单层，但位置较高，仍有楼阁的气势，因此定名为"景福阁"。由于高度降低了很多，从点景的角度来看，景福阁的造型明显逊色于原来的昙花阁，登临远眺的效果也打了很大的折扣。

景福阁今景

英国摄影师菲利斯·比托1860年摄昙花阁旧影（清华大学建筑学院提供）

第三章 宫室楼台

14 城关六重锁清秋

> 城关是清漪园中的特殊建筑，与地形配合，增加了雄浑的效果。

中国古代城市几乎都有城墙围合，很多要冲之地都会建造高大坚固的城关以作军事防御，例如长城沿线的山海关、居庸关、嘉峪关等，与山地结合，雄视八方，被视为风景名胜。

中国北方地区的古典园林经常会模仿和设置这类城关建筑，当然，园林中的城关比真正的关隘规模要小很多，下部都砌成城墙墩台的样式，台顶上建有一排雉堞（即排列如锯齿状的矮墙），也可以像城门楼那样建成楼阁、厅堂或亭子的样式，造型很丰富。

恭王府花园南边入口附近现存一道城墙，旁依土山叠石，下设拱门，上面没有建城楼，起名为"榆关"，即山海关的别称，可能隐喻清皇室来自关外。醇亲王在位于北京西郊的蔚秀园中有一座"绿杨城郭"，临近河池，摹拟扬州瘦西湖倚城一带的风光，其名源自清初王士祯的《浣溪沙》词："北郭清溪一带流，红桥风物眼中秋，绿杨城郭是扬州。"

圆明园东南角有一个"别有洞天"景区，西侧水道上也建了一座城关，上刻"秀清村"匾额，平时清帝经常乘船从方形的门洞中穿过。

清漪园中一共设有六处城关，造型比别处更为丰富，基本上都位于重要的关口位置，体现险要的地形特征。

1 清代董邦达绘《居庸叠翠图》（台北故宫博物院藏）
2 恭王府花园榆关
3《圆明园四十景图》中的别有洞天城关（法国国家图书馆藏）

第三章 宫室楼台

95

万寿山东面有赤城霞起城关扼守进入后山的通道，西面的宿云檐把住另一条入山通道，偏南一些的文昌阁位于东岸的南北方向的园路上，通云、寅辉二城关卡在后溪河买卖街东西两侧的山径上，千峰彩翠城关则位于佛香阁东侧的山脊之上，更有"一夫当关，万夫莫开"的气度。

　　这几座城关粗看上去长得差不多，仔细辨别一下，会发现各有特色。

清漪园（颐和园）城关分布示意图

1 清漪园文昌阁旧影（清华大学建筑学院提供）
2 光绪年间重建的文昌阁今景
3 宿云檐城关

文昌阁是园中最雄伟的一座城关，原为宫墙东端的起点，在城台上建了一座三层的楼阁，平面呈"十"字形，底层供奉文昌帝君，第二层放置了一座西洋自鸣钟，上层供奉玉皇大帝，四角还另建了四座重檐亭子以作陪衬，造型很生动，在夕阳的照耀下更显出瑰丽的色彩。

咸丰十年（1860年）文昌阁被烧毁，光绪年间重建的文昌阁为二层楼阁，上层比原状减少了一层屋檐，高度有所降低，有点缩脖子的感觉。四角的亭子也改成了单层檐的样式。

宿云檐原是从西部进入清漪园的门户，城台之上建有一座八角形平面的重檐亭子，看上去比文昌阁秀气许多。顺便说一下，乾隆帝御题的避暑山庄三十六景中也有一个宿云檐，在山间小院中砌筑平台，上建厅堂，在此眺望四周风景，情形与清漪园宿云檐完全不同，但都有视野高远、与云同在的意思。

赤城霞起城关建有两层三间楼阁，采用绿色油漆的方柱，檐下还设有类似垂花门的垂帘柱。城台两面各有匾额，分别刻"赤城霞起"和"紫气东来"，各有典故可寻。

浙江天台的南部有一座孤山，山色赤红，壁立如城墙，故而被称为"赤城山"，呈现出典型的丹霞地貌。每逢朝阳初升或夕阳西下，山间云雾四起，霞光笼罩，宛如仙境，元朝曹文晦有诗赞道："赤城霞起建高标，万丈红光映碧寥。"

《列仙传》记载老子离开周朝的都城一路向西，函谷关的关令尹喜看见有一股紫气从东方飘来，出关一看，正是老子骑着青牛走过来。后世以"紫气东来"作为将有圣人出现的吉兆。

通云、寅辉、千峰彩翠是三座小城关，城台不高，上面都建造了一座单间的小轩，主要起点景的作用。其中寅辉的西侧紧邻一座小桥，桥下溪水流过，在此可俯瞰苏州街的繁华景象。通云城关的门洞直接架在一条樱桃沟上，很有南方水关的趣味。

这些城关与园中其他楼台建筑的造型颇有差异，分别点缀于山坡、湖滨、河沟和平地之上，带来更多的空间节点，给人以"关山重重"的印象，可算是一种非常别致的布景措施。有兴趣的朋友可以在游园时按图索骥，逐一探访，领略每座城关的独特神韵——说实话，想要一次都找全，还真不大容易。

千峰彩翠城关（楼庆西/摄）

赤城霞起城关

寅辉城关

昆明湖水面辽阔，湖上点缀着模仿海上仙山的岛屿；曲折的后溪河是清漪园的另一番天地，在曲折的溪流和山崖间掩映着佛寺和买卖街。海上仙山的主题如何表达？后山须弥灵境以哪座藏传佛寺为蓝本？皇帝为什么在幽静的园林里设置热闹的水街集市？且看本章。

明湖曲溪

<第四章>

15 昆明湖上浮仙岛

如果把长堤比作项链，这五岛就像是五颗散落的宝石，在波光粼粼的水面上发出璀璨的光芒。

清漪园昆明湖岛示意图

辽阔的昆明湖风光

从乾隆十六年（1751年）开始，乾隆帝将福建水师将领调来北京，负责率领健锐营的兵士定期在昆明湖上进行水操训练，与当年汉武帝在上林苑昆明池演习水军的往事遥相呼应，算是没有辜负"昆明"二字的典故。但操练终究是做做样子，更多时候昆明湖只是皇帝泛舟游览的最佳去处。

昆明湖辽阔的水面上除了有长堤之外，还有三大二小五座岛屿。如果把长堤比作项链，这五岛就像是五颗散落的宝石，在波光粼粼的水面上发出璀璨的光芒。昆明湖碧波万顷，种了很多荷花、芦苇，还经常有野鸭来此栖息，增添了更多的生气。

十七孔桥与廓如亭

　　南湖岛、藻鉴堂和治镜阁三座大岛刚好分布在长堤划分的三块湖面的中心位置，彼此遥相呼应。南湖岛靠近东岸，这里有一座广润祠，原来是一座龙王庙，早在清漪园修建之前就存在了，不过那时候湖面还没有经过改造，面积比较小，庙不是在岛上而是位于湖岸上，后来挖湖填山，水面扩大了，龙王庙所在的地方被保留在水中，成了南湖岛。

　　岛东侧有一座长长的拱桥与东岸相连。整座桥长达150米，宽8米，共有17个拱洞，全用汉白玉砌成。两端桥头竖立4尊石狮，每根望柱顶端又各站一头小狮子，雕刻传神。

　　值得一提的是，每年冬至前后的傍晚时分，夕阳余光会从十七孔桥的桥洞

《崇庆皇太后万寿盛典图》中的南湖岛旧景（故宫博物院藏）

南湖岛北侧涵虚堂（上）
南湖岛东侧牌楼（下）

十七孔桥上的石狮子

中穿过，形成"金光穿洞"的奇景，吸引了许多摄影爱好者来此捕捉镜头。

桥东侧建一座八角重檐的廓如亭，此亭体量较大，内外用了三圈共四十根柱子支撑，规模相当于一座宏伟楼阁，与同样超长的十七孔桥和谐地组成一对。

南湖岛东西宽120米，南北宽105米，接近圆形，象征着满月，沿岸装设汉白玉栏杆，也与十七孔桥相呼应；岛西和岛南各建一座牌楼，岛的最北段以土山进一步堆高，山冈上修建三层的望蟾阁，"蟾"就是"蟾蜍"，传说月亮上有广寒宫、蟾蜍和桂树，古代也常用"蟾蜍""蟾宫"指代月亮，所以有个成语叫"蟾宫折桂"。岛上另建有一座月波楼，十七孔桥上则有"偃月"的刻石题额。

所有这些其实都强调了同一主题：这个小岛是月亮的化身，再现了传说中的广寒宫。乾隆帝也有诗句描绘此处"隔湖飞睇者，望此作蟾宫"，点出了其中的意境内涵。岛北正对万寿山，也是欣赏前山胜景的最佳位置。望蟾阁后来被改建为一层的涵虚堂，仍然是南湖岛上的主体建筑。

第四章 明湖曲溪

十七孔桥金光穿洞奇景（李路珂/摄）

藻鉴堂岛位于南外湖中，是面积最大的一个岛，形状不规则，岛上的主要建筑是南部的一座庭院，以游廊围合，南端伸出两个方亭子架在水中，院中还设了一个方形池塘，形成水中有岛，岛中又有水的格局。乾隆帝《藻鉴堂》诗中说"碧水周堂中有池，廊围一亩湛华滋"，还形容这种内外交汇的水景像镶嵌的镜子一样澄静明爽。

　　治镜阁岛完全是一个圆形的石台，台上建了一圈圆形的围廊，中央是一座二层楼阁，底层各突出一间，造型比较复杂。这是典型的仙山楼阁模式，从北宋大画家张择端所画的《金明池夺标图》上就可以见到类似的"水心殿"景象，后来乾隆年间的宫廷画师贾全也画过一幅《登瀛洲图》，图上的仙山正是这样的圆台楼阁。圆明园附园长春园的水面上也建有一座海岳开襟，造型几乎和治镜阁一模一样，说明二者出于同样的主题和设计。

1、3 样式雷绘治镜阁画样（中国国家图书馆藏）
2 治镜阁旧照（清华大学建筑学院提供）
4 知春亭

湖上另外两个小岛都靠近东岸。其中南侧的凤凰墩是方形圆角平面，上面建了一座凤凰楼，又叫会波楼，是整个园林最南端的观景点。

北侧的小岛严格来说可以分成两个更小的岛，彼此之间用一座小桥联为一体，又用一座石板长桥与东岸相连。岛上建有一座重檐的方亭，名叫"知春亭"，在亭中向北可近观对面不远处的玉澜堂、夕佳楼以及乐寿堂的门殿"水木自亲"，向南可远眺南湖岛、西堤、凤凰墩，向西则面临渺渺的水面和更远处的西山。

有人觉得这处小岛的平面形状像一只毛茸茸的小鸭子，而北宋苏东坡有句诗说过"春江水暖鸭先知"，推测或许"知春"二字与此有关。这个猜想无法证实，但非常有趣。

16　曲折清幽后溪河

两山夹一水，脉脉流不尽。

　　乾隆帝诗中明确表示清漪园的水系特点是"前俯明湖后曲池"，就是前临明波滉漾的昆明湖，后倚曲折蜿蜒的后溪河。现代关于颐和园的论著多将后溪河称为"后湖"，但实际上这一长长的水面更像一条河而不像湖。

　　清代的宫廷档案则明确称之为"后溪河"，这个名称很恰当，因为这段水面有宽有窄，宽的地方是河，窄的地方就成了溪流。

后溪河宽阔处

后溪河基本与后山平行，横跨东西。南岸紧靠万寿山的后山山坡，北岸临近北宫墙，并特意在墙前堆叠假山，基本上把墙遮住了，同时又形成了"两山夹一水，脉脉流不尽"的完美效果。

整条河在将近一千米的河道上展开，每遇到平缓的地带就把水面放宽，遇到陡峭险峻的山崖就收缩，还在每个重要的节点都架设了一座小桥，这样就把河道一共分成六个段落，在两岸的绿荫掩映下演绎出起伏不定的节奏变化，绝对没有僵硬、单调、重复的感觉。

后山的叠石假山比较多，而且多采用青石。青石多数呈片状，但也有大块青石比较敦厚，而清漪园的后山就尽量采取将体形较大的青石与同样敦厚的黄石相间的做法，这样更容易与真山融为一体，达到真假难辨的效果。在后山中穿行，体验早晚天光、雾气的变化，大有入深山密林的感觉。

1 后溪河北岸叠石
2 西桃花沟
3 绿荫掩映后溪河

自古以来经常用"曲径通幽"形容园林的意境，而在这里显然更适合改成"曲溪通幽"，因为建造者正是通过这条曲折的后溪河，把岸边若干清幽的小景串联起来，让游者不断感受到明暗、收放、进退、高低的变化，时时出乎意料，更添探幽的兴致。可惜乾隆时期所建的很多后溪河边小景被毁后没再重建，使得河畔失去了部分精致的点缀，只剩下一些残缺的台基和零星亭桥掩映在山石、绿树之间，隐约让人感受到当年的灵巧匠心。

前山面对的昆明湖以辽阔和宁静取胜，后山所临的后溪河则以狭长和动感见长。后山上另有两条山涧，分别叫东桃花沟和西桃花沟，水流有明显落差，从山坡上潺潺而下，与缓缓流动的后溪河汇合在一起。后溪河在两岸叠石驳岸之间行进，清越水声在山谷中回响，更添灵动意韵。

17 后山小景宜人境

> 崎岖的山岭之间，掩藏着好几处精致的小园。

清漪园后山小景位置分布示意图

乾隆时期的清漪园在后山以分散的方式修建了若干景区，除了中央位置的须弥灵境之外，其余都是巧妙结合山水地形的宜人小筑。后山明显比前山陡峭，而且形态曲折。

西桃花沟的西侧原有一组绮望轩建筑群，位于后溪河南

绮望轩遗址

侧的山崖上，临水设有码头，人们可沿着4米多高的两侧磴道登上高大的台基，进入开敞的绮望轩，在此向北可俯瞰河面，具有开阔的视野。南面庭院在游廊

绮望轩复原图

第四章 明湖曲溪

115

构虚轩复原图

围合之下，其中布置一些山石，西北侧建有两层小阁停霭楼，再南有山径一直向山坡上延伸，有幽邃的意趣。

西桃花沟东侧有一个小山头，能够环眺四面，位置很好，当年曾经在山头最高处建有一座构虚轩，在旁边的山脊和山坳各建一座亭子和一座小书屋，使得山头、山脊、山坳的不同部位得到强调，吸引人的目光，同时三座建筑组合成一个小整体，表现出高低起伏的动感。

构虚轩实际上是一座四面开敞的三层楼阁，屋顶做成很特别的三卷勾连搭歇山形式。在楼内向东可观须弥灵境的佛殿红台以及浮于树梢的彩色琉璃塔，向北可望红山口的双峰以及周围的农田，向南直对陡峭的山崖石壁，向西更可以远眺玉泉山的山姿塔影，四面远近均有美景可赏，与前山的画中游可谓不分伯仲，各有妙处。乾隆帝为此写诗说"峰顶云轩四望舒，天光物色总如如"，强调自己很喜欢这个精致的后山景点。构虚轩的下面有一座名叫"绘芳堂"的二层小楼直接临水，成为上面主景的陪衬。

赅春园味闲斋遗址

西桃花沟的上游地段北侧平缓，南侧陡峭，地势起伏，在此坐南朝北构筑了一个相对独立的园中之园——赅春园。这座小园的格局模仿江宁（今江苏南京）的永济寺，整组建筑群分布在三层不同高差的台地上，用曲折的爬山游廊串联在一起。

第一层西侧是一个封闭的小院，北侧设垂花门，南侧的主体建筑采用五间正房前出三间抱厦*的形式，名叫味闲斋，其东还带有一间耳房。这里是乾隆帝钟爱的书斋，据说收藏了不少书画和古籍，1860年被英法联军劫掠一空。

* **抱厦** 建筑术语，指房前加出的门廊或后面接建出来的小屋。宋代称为"龟头屋"，清代之后称"抱厦"，常见于大型风景建筑。

赅春园复原图

第四章 明湖曲溪

117

1996年复建的澹宁堂,临水抱厦挂有"溪烟岚雾"匾额

东侧是赅春园的园门,入内可见"蕴真赏惬"小轩位于第二层台地上,周围半遮半敞。最南的第三层台地上建有清可轩和"留云"小室,居高临下,二者之间的山崖上筑有栈道,以此强调山崖的险峻。

后溪河北岸偏西位置建有一组院落,前引垂花门,东侧的高台上建了一座方亭,沿磴道折而向北,可来到中心庭院之内,其中设有三间正房嘉荫轩。院

嘉荫轩复原图

云绘轩复原图

    落的后面还有一个名叫"妙觉寺"的小寺庙。这组建筑格局很简单，却别有宁静安详的氛围，与相邻的买卖街相处融洽。

    后溪河东侧南岸一带三面环山，北侧临水，是一个"凹"字形的地段，当年在此建有一组名叫"云绘轩"的两进院落。南侧设园门，中央为正厅云绘轩，北侧临水建有七间澹宁堂，前出抱厦，并设有码头，两侧的叠落游廊增加了空间的变化。

    以上提及的五组景致现在大都已经不存，只留下台基供人凭吊，但身临其境，依稀仍可感受到每一处的环境特色和幽静气息。

18 皇家园林中的市井烟火

> 清漪园中建造了两条水街集市,成为帝王体验民间市井氛围的趣味空间。

皇家园林是宫廷建筑的重要组成部分,自然在很多地方都充满了皇家特有的尊贵和非凡气派,规模大、色彩华丽,但同时又会特意增添一些民间建筑,比如村舍、小寺庙等,体量小,相对朴素,二者形成鲜明的对比。其中最富有民俗特色的建筑类型要算买卖街。

所谓"买卖街",就是模仿集市店铺的建筑群,在中国很多朝代的皇家园林都曾经出现过,比如两千年前的汉灵帝就曾经在宫苑中摆设店铺,还让太监、宫女扮演商贩、顾客,以为娱乐。南北朝刘宋时期的宋少帝也在首都建康的华林园里建了一个集市,北宋东京的艮岳中设有酒店,南宋临安御苑中的店铺之景更加丰富,卖各种东西的都有,很热闹。

清朝的皇帝对买卖街情有独钟,在畅春园、圆明园、长春园、静宜园中都有修建,清漪园也不例外,而且一建就是两条,一条在万寿山的西侧,叫"西所买卖街";另一条在后溪河上,就叫"后溪河买卖街"。这两处在咸丰十年(1860年)的浩劫中都没能幸免于难,全被烧毁。光绪时期曾经画过重建设计图,但也没有建成。

西所买卖街是沿着小西泠一带曲折的水岸边布置,街上的店铺前门面对街道,后门直接临水,正是江南水乡"前街后河"的格局。街上竖立着一些招牌,

圆明园《四十景图》中的同乐园买卖街

上面写着"南北通商"之类的常见标识。

后溪河买卖街位于后河的中段，又叫"苏州街"，全长达270米，超过整个后溪河河道的四分之一。咸丰十年（1860年）三月十一日，大臣郭嵩焘有幸入清漪园游览，在日记中记载：

> 沿山麓行，至买卖街，盖山之右臂，玉泉山水所经，颇有江南景致，高宗仿苏州山塘之胜为官市，皆有悬额，今存者，"裕丰当"及茶楼数匾而已。

《崇庆皇太后万寿盛典图》中的西所买卖街

第四章 明湖曲溪

颐和园苏州街复原总平面图

这条街市与西所买卖街一样都是为了模仿江南集市，但布局方式并不相同。后溪河买卖街不是"前街后河"，而是"两街夹一河"，直接在后河的南北两岸设置店铺，每家店铺门前到水面只保留很窄的一段通道，更强调河从街心穿越的"水街"感觉。虽然此街叫"苏州街"，但实际上这种模式在浙江绍兴等地更常见。

沿岸设了好几处码头，船行河中，在两边的市肆之间游来荡去，随时可停靠在某家店前。店铺的台基一直保存很完好，20世纪90年代此地在清华大学建筑学院徐伯安教授的主持下得以重建，成为颐和园中深受游客喜爱的景点，后来有一些外地旅游景区还特意加以仿建。

颐和园苏州街复原总立面图

拍子式店铺

普通悬山顶店铺

　　这条水街弯曲别致，恍如江南水乡，但所有店铺的造型却是典型的北方商业建筑样式。北京地区街市最集中的位置是前门外，常见的铺面形式主要有平顶房、普通房、牌楼房和楼房四种。

　　平顶房又叫"拍子"，数量最多，形式最简单，屋顶是平的，带着一条长长的滴水檐，上面绘有彩画图案。北京地区相对少雨，在不考虑排水的情况下，平顶房比坡顶房造价要低不少，因此经常出现，但在多雨的南方就很不适合。

　　普通铺面和一般的建筑没有显著区别，都采用硬山或者悬山坡屋顶*，有时在大门上方加一段披檐，檐下醒目处会悬挂匾额，柱子上也经常挂木质楹联。钱庄、当铺内藏重金，一般会在前面竖立铁栅栏，增加安全性。

　　牌楼房最复杂，要在房子前面加建一座牌楼，牌楼可大可小，柱子冲天拔起，最为高大气派，所以又叫"冲天牌楼"。一些实力雄厚的绸缎庄尤其喜欢建牌楼房。

　　楼房一般是长方形平面的两层建筑，有时候还做成拐角形。酒馆和饭庄常建成楼房，二楼设有雅座，环境比较幽静，人们还可以透过窗户看看下面的街道风景。

* **硬山顶与悬山顶**　皆为中国传统建筑中的双坡屋顶形式。硬山顶的两侧山墙同屋面平齐或略高出屋面；悬山顶也称"挑山"，特点是屋面两侧伸出山墙之外。

牌楼式店铺　　　　　　　楼房式店铺

苏州街今景

第四章　明湖曲溪

125

后溪河买卖街上各种形式的店面俱全，彼此错落杂陈，煞是好看。从台基规模来看，这些店铺以三间为主，每个开间一般在1.6～2.6米，加起来的总宽度只有5～8米，进深1.9～3米，整个铺子总面积都非常有限。很显然，真正的商店很少采用这么小的尺度，因为里面根本摆不了什么东西，店员和顾客都难以立足——所以这些店面的本质只是一种布景，充当点缀河岸、渲染江南风貌的摆设。

　　虽然只是布景，这些店铺的表面文章还是做得很逼真。据内务府档案记载，当年街上拥有店面共二百多间，每家店铺都有专门的匾额，各种行业俱全，比如卖古玩的帖古斋、卖文房四宝的云翰斋、卖祭祀供品

苏州街东部今景

三孔石桥　　　　　　　　　　　　　　　　　　　　　　　　　　　　　　　　北宫门

的妙化斋、卖鞋子的履祥泰、卖香烛的细香铺、卖衣布绸缎的经纬号以及酒楼芳雅斋、茶馆品泉斋等，吃喝穿用一应俱全。当时主要以太监来扮演伙计和顾客，皇帝、太后的船一到，两岸立刻吆喝开来，人流熙攘，场面热闹又有趣。

古代封建社会的皇室虽然尊贵无比，但平时也受到很多礼节和规矩的束缚，享受不到百姓的生活乐趣，比如逛街、泡茶馆、吃酒楼等，心理上对这些市井氛围很向往，因此喜欢在皇家园林中营造这么一种特殊的建筑形式作为补偿，稍稍体验一下百姓逛街的乐趣。当然，这种布景一定程度上能反映民间的商业面貌，让皇帝在处理国家大政之余，也领略一下城市中的市肆繁华。

水街中央架了一座三孔石桥，通北宫门。这座宫门采用两层楼的造型，比较雄伟，买卖街的东西两端又分别有寅辉关和通云关两座城门，俨然在城墙围合当中。

石桥的南面是大型寺院须弥灵境。建在山坡上的世外清净之地似乎与买卖街的世俗景象格格不入，但实际上中国古代很多著名的集市都建在佛寺或道观前面，形成特殊的庙街形式，热闹的市井与幽静的寺院形成鲜明对比但又能共存。后溪河买卖街与须弥灵境的关系也是这样。

第四章　明湖曲溪

127

19　须弥灵境与四大部洲

> 须弥灵境是一座藏式风格的佛寺，其布局隐含着佛教的宇宙图式。

乾隆时期万寿山后山鸟瞰图（金柏苓／绘）

清漪园前山的主体建筑群是大报恩延寿寺，后山的主体建筑群则是一组藏式佛寺——须弥灵境。这两组建筑隔着山脊，一个朝南，一个朝北，互相背对着，轴线略微错开。

康熙五十二年（1713年）至乾隆四十五年（1780年），清廷在热河避暑山庄的外围陆续修建了十二座庙宇，统称"外八庙"，凝集了汉、蒙、藏各民族的建筑艺术，规模宏大，风格各异，其中有一座普宁寺尤其宏伟壮观。

这座佛寺的前半部分和一般汉族寺院一样建有山门、天王殿、大雄宝殿，后半部分则直接以西藏地区著名的古寺桑耶寺为蓝本，中间修筑大乘阁，周围按照佛经中关于"四大部洲"的说法设置其他建筑。所谓"四大部洲"就是指位于东海中的东胜神洲、西海中的西牛贺洲、南海的南瞻部洲、北海的北俱芦洲，代表着四方大地。读过《西游记》的朋友一定记得孙悟空的老家花果山就在东胜神洲的傲来国境内。

承德普宁寺

乾隆时期须弥灵境复原图（引自清华大学建筑学院编《颐和园》）

　　清漪园须弥灵境几乎与普宁寺建于同一时期，二者主体部分的格局也很相似，都是在一级级的台基上依次修建殿宇建筑，前后分别以大型佛殿和楼阁为中心，体现藏传佛教的特色。

　　须弥灵境北侧修建一座入口牌坊，经过大片广场后走进建筑群，前部台地上构筑一座九开间的大殿，上面悬挂"须弥灵境"匾额，左右建有法藏楼和宝华楼两座配楼。后部台地的核心建筑是一座楼阁"香岩宗印之阁"，体量高大，装饰极为华丽，象征宇宙中央的须弥山，南侧的长方形平顶台上的佛殿代表南瞻部洲，东侧的半六角形平台佛殿代表东胜神洲，西侧的六角形平台佛殿代表西牛贺洲，北侧的方形平台佛殿则代表北俱芦洲。这四座佛殿本身的造型为汉式，但下面的平台都是藏式的碉房，属于汉藏结合风格。除了这四大部洲，还有八座小殿象征着八小部洲。这些佛殿中都供奉着金刚或者佛母的塑像。

中央大阁和四大八小佛殿之外，又有日月二殿和四色宝塔。二殿分别位于中央大阁的东侧和西侧，象征太阳和月亮；四色宝塔是四座不同颜色的喇嘛塔，位于四角，分别为黑塔、白塔、绿塔、红塔，象征佛教的四大智慧。

清王朝是一个疆域辽阔的庞大帝国，由多民族共同组成，统治者为了维系江山一统，需要兼顾不同民族的利益，也需要兼容不同民族的文化。清帝为了笼络蒙、藏上层贵族，特别尊奉佛教的藏传支系——喇嘛教，也经常在皇家园林内外仿制一些藏式佛教建筑，须弥灵境就是其中的重要代表。在此所建的藏式建筑都含有明确的宗教含义，位于巨大的高台上，高台用藏式的"金刚墙"砌筑而成，名叫"大红台"，最下一层高达10米，越往上越收缩，显得特别挺拔稳固。台地周围还加上很多叠石，更显出嶙峋雄浑的感觉，表现出与汉地建筑完全不同的特殊景观效果，恰与前山的大报恩延寿寺形成鲜明的对比。

颐和园现存的须弥灵境经历了光绪时期的重建，香岩宗印之阁没有得到复原，其台基上另建了一座佛殿，比乾隆时期的原貌大为逊色，但依然表现出一股浓烈而辉煌的高原气韵。

乾隆帝放弃了在万寿山中央模仿六和塔修建宝塔的初衷，改建了一座佛香阁，因此清漪园的前山和前湖并没有塔式建筑，但在后山还是修建了一些体量较小的宝塔，前面提到的须弥灵境的四色宝塔是典型的喇嘛塔，此外，附近还有一座多宝琉璃塔，一直幸存至今。

颐和园

1		5
2	3	4	6

1 须弥灵境日月二殿
2 须弥灵境大红台
3 须弥灵境半六角形平台佛殿
4 须弥灵境红塔
5 须弥灵境绿塔
6 须弥灵境黑塔

第四章 明湖曲溪

须弥灵境现状鸟瞰（楼庆西／摄）

花承阁复原图（清华大学建筑学院提供）

  这座琉璃塔称得上是清漪园中最美丽的建筑之一，位于后山东侧的花承阁院落中。花承阁建筑群整体坐落在一个直径约60米的半圆形高台上，中央是一个三合院形式的小佛寺"莲座盘云"，正殿内供奉观音菩萨像，周围沿着半圆形的台地边缘构筑了弧形的游廊，前面则建了一个小牌楼作山门。东侧的六兼斋位于高台上，很方便观赏风景。西侧的花承阁是一座东西向的小楼，利用地形高差，从东面看是两层，西面则是单层。

  多宝塔设在西南角的塔院中，平面为八角形，共有七重屋檐，高18.6米，完全用各种颜色的琉璃制成，黄绿金白红俱全，在周围茂密绿树的照映下更显得绚丽夺目。塔前立有《御制万寿山多宝佛塔颂》石碑，乾隆帝夸赞此塔"黄碧彩翠，错落相间""黄金为顶，玉石为台，千佛瑞相，一一具足"。

  琉璃塔所在位置是一个突出的小山包，周围有松树林和桃花林，又以西面的须弥灵境为背景，具有一种独特的神秘感，甚至有飘然欲仙之意，非常引人入胜。

花承阁多宝琉璃塔（楼庆西/摄）

清漪园是一部完整而紧凑的宏大乐章。全园的很多景区分别体现不同的主题并各自建造楼台、堆叠假山、培植花木，此外还充分考虑了对外部环境的借景效果。除了杭州西湖，园中还浓缩了中国哪些经典名胜？清漪园特殊的布局方式体现了怎样复杂的象征寓意？园中的植物布置有什么特殊的讲究？乾隆帝当年沿着怎样的路线游览全园？且看本章。

移天缩地

<第五章>

20 天下美景萃一园

> 摹拟各地名园胜景，移天缩地在君怀。

秦始皇在扫平六国的过程中，曾命人将各国的宫室苑囿画下来，然后在首都咸阳附近北坂上加以仿建，谓之"写仿"。从汉代开始，在皇家园林和权贵园林内摹拟各种山河名胜逐渐成为一项重要的造园传统手法。比如东汉洛阳西园筑假山仿关中少华山，有个叫梁冀的大官在自家的花园中用土堆筑大型假山，以象征长安东面的崤山；唐代宰相李德裕在洛阳郊外有一座平泉山庄，里面开辟了一条长溪，沿途堆叠假山，仿照洞庭、巫山等长江沿途风光，好像是长江名胜的微缩版本；宋徽宗在首都汴梁造了一座艮岳，其中的寿山主要模仿的是杭州凤凰山。

这个传统在清代皇家园林中被发扬，各大御苑中极为广泛地采用摹拟全国各地名园胜景的手法，企图把天下最好的风景都囊括到皇帝的花园中，被晚清诗人王闿运称为"移天缩地在君怀"。

清漪园是所有御苑中"移天缩地"景观创造的典

清漪园部分写仿景观位置分布示意图

《崇庆皇太后万寿盛典图》中的清漪园凤凰墩（故宫博物院藏）

范。如前文所述，全园的整体架构以及一些局部逼真地摹拟了杭州西湖，从而在位于北国的京师打造出了一个江南的山水胜景。除此之外，园中还有不少建筑和山水景致以其他风景名胜为蓝本，琳琅荟萃，意境深远。

昆明湖东南侧靠近岸边有个小岛名为"凤凰礅"，上面建了一座凤凰楼。乾隆帝有诗说："渚墩学黄埠，上有凤凰楼，一镜中悬画，四时长似秋。"表明这个小岛模仿的是"黄埠"。所谓黄埠全名叫"黄埠礅"，位于江苏无锡惠山脚下的大运河中，也是一个小岛，形状接近椭圆，岛上建有佛寺楼阁，西面隔水可望见惠山、锡山以及山顶的龙光塔。

清漪园的凤凰墩是小而方的墩形，上面同样建了一座楼阁，而且向西隔湖可望玉泉山、西山以及山顶的玉峰塔，与无锡黄埠礅的形状、位置和环境极其相似。

1 景明楼主楼南侧匾额上书"水天一色"
2 乾隆年间岳阳楼图景（引自乾隆《岳阳府志》）
3 原址复建的景明楼
4 《崇庆皇太后万寿盛典图》中的清漪园景明楼

　　西堤偏南的位置有一块地方明显放宽，好像是与长堤相连的长方形小岛，上面曾经建过并排的三座楼阁，中央一座题为"景明楼"。按照乾隆帝诗中所称，此楼摹拟了湖南洞庭湖的岳阳楼，"景明"二字出自北宋范仲淹雄文《岳阳楼记》中的名句"至若春和景明，波澜不惊，上下天光，一碧万顷"。在此观赏昆明湖和西山、长河，很有洞庭湖"衔远山，吞长江，浩浩汤汤，横无际涯；朝晖夕阴，气象万千"的景色特征。

第五章 移天缩地

143

颐和园

144

1 清代关槐绘《黄鹤楼图》（台北故宫博物院藏）
2 《崇庆皇太后万寿盛典图》中的清漪园望蟾阁（故宫博物院藏）
3 清代扬州瘦西湖四桥烟雨图景（引自《扬州画舫录》）

崇庆皇太后六十岁万寿盛典期间，湖广总督阿里衮曾经按照武昌黄鹤楼的样式准备材料，并千里迢迢将其送到北京搭建起来。盛典结束后，这座精美的楼阁被移到湖上的南湖岛，起名"望蟾阁"，乾隆帝明确指出"盖仿武昌黄鹤楼之制"。登此楼可隔湖遥望万寿山，情形很像黄鹤楼隔着辽阔的长江远望对面的龟山。

昆明湖西北的一片水域比较狭长，中间有一座长岛，仿西湖孤山西侧起名叫"小西泠"，但这里的水面形状更像扬州的四桥烟雨。四桥烟雨是扬州瘦西湖上名景，水面由南至北呈狭长形状，湖岸修筑亭榭楼阁，周围水道上点缀春波、长春、莲花、倚虹四桥（另一种说法以玉版桥代替倚虹桥），雨天景致尤其可观。清漪园小西泠一带也在南北两端分别修筑了一座亭桥和一座曲桥，再南则可以看见西堤六桥之一的桑苎桥（即现存的豳风桥），而且河道曲折，沿途设置码头、村舍，其构思很可能受到扬州"四桥烟雨"的启发。

四桥烟雨

这几处风景分别以无锡惠山大运河、岳阳洞庭湖、武昌长江和扬州瘦西湖的代表性景点为原型，再加上整体模仿的对象杭州西湖，清漪园几乎把天下最著名的江湖名胜都揽入园中，不愧为水景园的杰出代表。

在万寿山南坡偏西处有一个小园林叫"邵窝殿"，名字很奇怪。这个"邵"指的是北宋大学者邵雍。邵雍早年曾在河南辉县的苏门山隐居，后移居洛阳，把自己的住宅定名"安乐窝"。辉县那座老宅背靠山峦，门俯山下清澈的卫水之源百泉湖。明代成化年间知县张锦为纪念邵雍，在此建了一座邵夫子祠。乾隆十五年（1750年）九月乾隆帝到辉县巡游，饱览这一带的风光，写了一首《题安乐窝》诗，其中有两句道："试想安贫乐道趣，常依月到风来湖。"

清漪园中修建邵窝殿正是为了摹拟这处名人故居，同时暗示万寿山象征苏门山，昆明湖象征百泉湖。实际上这是一个独立的小园，设有前后两个小院，东引垂花门，中间建了一座平台，台上是三间厅堂，格局很清雅，向南可以很方便地远眺昆明湖，视野开阔，在此似乎特别适合效仿当年的邵夫子，做些哲学思考。

杭州西湖的西南处名"丁家山"，其中有小景"蕉石鸣琴"，奇石形如芭蕉，山间有泉水潺潺，声如鸣琴，因而得名，雍正年间浙江总督李卫在此修建了一座八角亭。乾隆帝南巡时游赏过这里，非常喜爱，故而也在昆明湖西南仿建了一

颐和园邵窝殿垂花门

座造型类似的亭子，起名"睇佳榭"，还夸耀此处"不殊蕉石望明湖"。可惜这个亭子后来被毁掉了。

除此之外，前文提及清漪园还在万寿山西侧和北侧分别沿水修建了一条买卖街，模仿的是江南的水街集市；后山的寺院须弥灵境则有很多模仿藏族建筑的佛殿和佛塔；赅春园格局仿金陵永济寺。万寿山东侧有一座惠山园，参照无锡寄畅园修建，对这处景点后文还会做详细介绍。

清漪园中出现如此之多的摹拟景观，而且以江南的名胜为主，此中缘由自然与乾隆帝南巡分不开。前文已经提到，乾隆帝前三次南巡都发生在清漪园的建设期间，这位狂热迷恋江南风光的皇帝随身携带着宫廷画师，每看到一处心仪的美景，都命画师绘制成图，甚至有时还令地方官制作模型呈送京师，留作日后修筑皇家园林的参考。这正是清漪园能够成功模仿不同景点的奥妙所在。

需要指出的是，所有这些摹拟景观虽然都有明确的参考原型，但绝非简单的抄袭照搬，而是经过精心构思的再创作。国画大师齐白石曾经说过，艺术创作贵在"似与不似之间"。拿这句话来形容清漪园中的摹拟景观也很恰当，这些景致尽管与各自的原型有很高的相似度，但不是一模一样、丝毫不差，每次模仿同样也考虑到自身的地形条件以及与全局的关系，在一定程度上进行灵活变通，某些地方甚至比原型还稍胜一等，例如万寿山的山形经过修整后，就比西湖孤山更加沉稳大方。

这些摹拟景观成为清漪园的特色，就像古代诗文中经常运用的典故，让游者有"似曾相识"的感觉，并引发联想，从而使得园林的意境一再得到拓展和升华。

㉑ 假山奇石玲珑奇巧

> 清漪园在真实的万寿山基础上构筑山景，搭配相当数量的人工堆叠的假山，画龙点睛，创造出更精致的局部效果。

中国古典园林非常重视以人工手段堆筑假山或陈列奇石，并以此模仿自然界的真山，其手法与传统山水画相通。清漪园在真实的万寿山的基础上构筑山景，此外也有很多人工堆叠的假山，创造出更精致的局部效果。

园林中最常用的假山材料分湖石、青石和黄石三大类。

湖石又叫"太湖石"，主要产于江南的太湖流域，颜色灰白，姿态最秀丽，上面有很多孔窍，内部通透，号称"瘦皱透漏"，最受文人阶层推崇。清朝皇室也很喜欢这种石头，但因不可多得，对之大多采用单块陈列的方式，还加上底座衬托。清漪园前山重要的殿堂或宫门前大都放置着湖石山峰以作点缀，其中仁寿殿和排云门前所列之石数量既多，形态亦佳。

大报恩延寿寺山门前的单峰太湖石

《崇庆皇太后万寿盛典图》中的石丈亭景象

"丈人石"今景

　　最著名的一尊湖石传说是从扬州某名园千里迢迢运来的，名为"丈人石"，用的是北宋书画家米芾向奇石下拜、尊为"石丈"的典故。为安置这块奇石，建造方特意在前山西侧设置了一个"石丈亭"小院，石头就露天耸立在院中，并无亭子覆盖。

　　此石至今犹存，体型高大，玲珑奇巧，下垫石雕基座，上面刻着一首乾隆帝的御制诗，夸赞说："岳立真堪称丈人，莓苔烟雨渍龙鳞。"

　　北方大部分地区并不出产湖石，只有北京南郊的房山地区有少量北湖石可采，经常被拿来替代真正的江南太湖石。这种石头有点像太湖石，形态比较圆润，颜色偏黄，上面的孔窍细小，内部不通。清漪园的一些庭院用北湖石堆了规模不大的假山，同样有玲珑之感。

颐和园前山的黄石假山

颐和园中的青石假山

颐和园中的黄石山洞（上）
颐和园中的北湖石（下）

　　黄石颜色大多发黄，体形敦厚，呈块状，在北方也不多见，万寿山前山和后山的一些局部假山就使用了黄石。

　　北方园林最常用的是青石，清漪园相当数量的假山也都采用青石堆叠，颜色偏于青灰，多数呈现片状，在所有石材中显得最为雄健刚劲。

　　清漪园中的叠石数量不如圆明园多，但用的都很精当，起到了以少胜多、画龙点睛的作用。万寿山本身是一座以土为主的真山，经过加高改造后山势更加巍峨端庄，而在佛香阁、须弥灵境等部位以大块黄石堆叠局部的假山，可以为山体增添壮伟的气韵。

　　山脚也是堆石的重点部位，既可以起到挡土加固山体的作用，又可以强调山势变换的轮廓。山间凸起的台地和临水的位置都以叠石形成陡峭的崖壁，还结合山径形成幽深的洞穴。

一些建筑的院落平地上完全用北湖石或青石堆成小假山，造型凹凸起伏，把自然界的峰峦浓缩在咫尺之地。玉澜堂后院的假山分为东西两组，形态参差多变，内藏蜿蜒的洞穴，被认为是手笔不凡的叠石佳作。

假山上大多有磴道可以攀登，两山之间经常夹有小径，山道的转弯处或许放置一块巨石作为对景，兼作登山路上的标志物。假山同时也起障景的作用，对景区进行分隔，显得层次更加丰富，例如勤政殿西侧的山石之间特意留下一个缝隙，隐约露出远处佛香阁的雄姿。

重要殿堂建筑台基下的踏步常采用规整的条石，而很多亭榭建筑的踏步改用自然的石块代替，称作"云步"，又叫"山石如意踏跺"，这样显得更有自然情趣，与周围山地的关系也更加融洽。

后溪河两岸同样利用开挖河道的土方进行了加高处理，特别是北岸紧靠宫墙的土山完全是新堆的，凹凸高低变化很多，与南岸的真山密切配合，好像是天然的丘壑一样。河道转弯的地方特别注意加上叠石，表现水岸被水流冲刷后裸露出石骨的景象，仿佛峡口一般。

山石如意踏跺

后溪河岸边叠石

玉澜堂后院假山

明朝的造园著作《园冶》*说"掇石莫知山假",意思是人工将石头叠成假山,却能让人难辨真假。园林中的假山经过精心设计后,往往比自然界的真山更趋于完美,经过一段时间的风雨洗刷,看上去尤为逼真,正如乾隆帝诗中所说:"假山岁久胜真山。"颐和园中现存的假山大多都是乾隆时期清漪园的旧物,历经两百多年的沧桑,更有浑然天成之感。

*《园冶》 中国最早、最系统的造园著作,明末造园家计成(苏州吴江人)著,崇祯四年(1631年)成稿。全书分三卷,借兴造论、园说、相地、立基、墙垣、掇山、选石、借景等篇,详述了造园理论及技术。

第五章 移天缩地

153

22 一草一木总关情

清漪园植物繁茂，在不同的地段表现出丰富的景观效果。

园林是人类亲近自然、拥抱自然的地方，充满了自然生趣的植物是其中不可或缺的要素。清漪园的植物极为繁盛，四季景色各有不同，与山水、楼台共同组成无数生动鲜活的画面。

修建清漪园之前的瓮山是一座有些荒芜的普通土山，没有多少像样的树木，旁边的湖面上倒是一直有很多荷花，河岸和堤上也种了一些柳树。在园林修建过程中，清廷花费了很大气力来补充种植各种树木、花草，形成欣欣向荣的花木盛景，使得整个地段的植被状态得到很大的改善。

昆明湖上的荷花

全园的植物栽培充分考虑到不同地段的特点，针对湖面、堤岸、山坡和庭院分别选取了不同的植物种类，效果极其丰富。

昆明湖上本来就有荷花，水面扩大后又加种了很多，夏天的时候大可与杭州西湖"接天莲叶无穷碧，映日荷花别样红"的胜景相媲美，也让皇帝联想起西湖十景之一的曲院风荷。西堤以西的外湖上荷花数量更多，船行其中，如入迷宫，红白莲花在绿色莲叶的映照下分外妖娆，盛夏时节其高度远远超过人头，最高者可达一丈多（超过3米），因此乾隆帝在《泛昆明湖观荷》诗中赞叹道："高下霞衣衬绿裳，微风香气满银塘。"湖上除了荷花，还有成片的芦苇和蒲草，更添朴素野趣。

值得一提的是，根据清宫档案记载，昆明湖每年都要出产不少莲藕，除了被园中居住的皇室用作新鲜蔬菜原料，还被拿到外面市场售卖，得来的钱充入皇家内库，也算是因地制宜的增收途径。

湖岸和长堤上主要沿路种植柳树，低垂的枝条轻拂水面，大有江南"杨柳春风"的诗情画意。为了春季的色彩更加丰富，西堤上在柳树之外又夹杂一些桃花，从而形成"桃红柳绿"的经典搭配。湖西侧的堤岸靠近"耕织图"景区，特意种了一些桑树，不但可为春蚕提供桑叶，还有"处处桑麻"的乡村气息。

中国古代园林大多喜欢把桑树和榆树种在西部，所以有个成

昆明湖湖岸的柳树

语叫"失之东隅，收之桑榆"，意思就是东边丢了，可以在西边找回来；位于西边的桑榆在傍晚时景色最好，在夕阳映衬下具有一种特别的温馨，所以人们又用"桑榆晚景"来形容老年岁月。清漪园的桑树也同样构成了一幅美丽的晚景图画。

北方冬季寒冷，落叶树都只剩下光秃秃的枝干，景象有些肃杀。为了弥补这个缺陷，清漪园在前山后山种植了大量的松柏，以保证四季常青，绿意不断。前山以枝干挺直的柏树为主，例如在庄严恢宏的大报恩延寿寺的内外空间种了成行的柏树，增加了庄重的气氛，而作为背景地段的其他山坡就把柏树和松树混合密植成林。郁郁苍苍的深绿色，与楼台建筑的白色石台基、绿色柱子、红色墙面以及黄色琉璃瓦、灰瓦对比强烈，一下子就把建筑衬托出来了。

后山则以枝干形态自由的松树为主，以柏树和其他落叶树、灌木配合，形成更富自然气息的山林景象，有的山道还特意在两侧种植丁香，导出一条宜人的花径。这里的松树又做了更细致的划分，大片的松林都采用树冠庞大而青翠的油松，而一些重点地段则种植比较稀罕的白皮松，有淡然优雅的特色。

万寿山上的落叶树包括桃、杏、枫、槐树、栾树、柳树、角树等，很多已经存活了二百多年，经常把山坡遮盖得严严实实。如此一年四季，各有美景可赏。

庭院中的白皮松

1 春花烂漫（楼庆西/摄）
2 山石上的爬藤
3 乐寿堂前海棠花（楼庆西/摄）
4 夏日植被丰茂的后溪河
5 秋日黄叶（楼庆西/摄）

　　春天的时候园中山桃和杏花开放，颜色红白交错，最显生机。夏天是栾、柳的季节，枝叶茂盛，浓荫密布，加上水中的荷花，极有清凉爽净之感。秋天轮到枫树唱主角，红叶烂漫，栾树和槭树的叶子也由绿转黄，形成一片浓浓的暖色调。冬天万木沉寂，只有松柏依旧苍劲挺立在冰雪之中，保持着自然野趣。

　　清漪园中的平地不多，除了种一些树木，还种了不少竹子，好几个地方都通过小竹林来表现亮丽青翠的清幽别境。竹子很适合与小块山石组合在一起，在墙壁的背景下变成一幅幅精致的国画小品。有的庭院会设置紫藤架，呈现出姿态遒劲的枝条和浓密的藤花绿荫。山石上也经常有藤蔓缠绕，刚柔相济，别有情趣。

　　更多的院落中种植多种花卉，尤其喜种牡丹、芍药、玉兰、海棠，春秋两季都有花团锦簇的效果。院中树木一般不多，除了种一些松柏槐树，偶尔还出现梧桐之类具有江南特点的树木，体现了皇家园林兼收南北之长的风格。

　　这些植物除了是造景材料，往往还富有特殊的文化含义。比如山上的松柏树林与"万寿"之名相契合，大报恩延寿寺山门前种太平花取"太平祥瑞"之意，多处竹林则隐喻君子和节操，让人产生更多的联想。

第五章 移天缩地

159

23 借景境外

清漪园通过精心的设计，把外围环境最美好的景物都揽入园中，达到内外交融的效果。

中国古典园林有一个非常重要的景观创作手段叫作"借景"。借景的重点在"借"，不是在自家院墙内营造景致，而是通过精心的选址和角度安排，把园林范围之外的风景也纳入到自己的景观体系中，从而扩大视觉空间，使得有限的园林可以有多层次的远景作为依托。

明代造园名著《园冶》最后一章专门讲借景："夫借景，林园之最要者也。如远借，邻借，仰借，俯借，应时而借。"强调"借景"是园林所包含的关键内容之一，需要根据不同的角度、距离、时刻采用不同的方式。

《园冶》还说："俗则屏之，嘉则收之。"意思是说周围的风景如果比较差，就尽量用围墙、树丛进行遮盖；如果有好的景致，特别是山峰、宝塔、古寺，就想办法收入眼底。

无论占地广阔的皇家园林还是咫尺庭院的私家园林都很讲究这种手段。一般确定选址之后，园林在规划布局的同时已经开始充分考虑借景的位置和角度，正所谓"意在笔先"，力图通过整体的构思和对观景角度的处理，把园外之色融入园内之景。之后在进一步构筑亭台、假山、水池和花木的时候会尽量把外景作为构图的远景要素加以考虑，包括一些匾额和楹联也会对借景进行提示和渲染。因此借景实际是贯穿整个造园过程的一项重要内容。

清漪园本身的山水楼台已经美不胜收，但同样非常重视借景，尽可能地把外围的风光纳入园林图画中，达到更加丰富的效果。

由于选址优越，清漪园东面距离圆明园、畅春园不远，西侧临近玉泉山，北侧临近红山口，周围还有大片的水田、村舍，更远处则是连绵的西山群峰，外围景观条件极好，因此园中的景点设置、建筑位置与朝向都充分考虑到向外围借景的因素。

从元代开始，瓮山西边的玉泉山就是北京西北郊的风景名胜区，主峰形态秀丽，山上林木葱郁，遍布怪石幽洞和清流山泉。清代康熙年间在玉泉山南

清漪园西边的香山风景（引自中国国家博物馆藏《都畿水利图》）

坡始建行宫，后定名为"静明园"，乾隆年间又先后两次进行大规模扩建，使之成为京郊一大名园。玉泉山的山脊呈南北走向，依次突起三个山峰，南峰最高处为八角形平面的七层砖砌玉峰塔，造型模仿镇江金山寺慈寿塔，成为全园乃至整个西山地区的标志性景观，也是清漪园最重要的借景对象，无论在湖上还是前山、后山，园内许多地方都可以见到玉峰塔的倩影，正如乾隆帝诗中所吟："蓄眼云山影荡摇，玉峰塔矗翠林标。"玉泉山北峰矗立着另一座藏传佛教风格的妙高塔，与玉峰塔并峙，彼此的尺度、造型有明显差异，在清漪园昆明湖上可以同时望见。

从昆明湖上看玉泉山的玉峰塔（左）与妙高塔（右）

从昆明湖的西部到万寿山的后山都可以观赏红山口的两座山峰,登上万寿山的山脊,向东可以俯瞰圆明园、畅春园和广阔的水田。

全园的围墙主要设在万寿山的北侧以及东侧,昆明湖的东、南、西三面沿岸都不设围墙,内外联为一体,进一步强调与周围的山水、农田有着密不可分的关系。

总体来说,几乎在全园所有的开阔地段都能够看到园外的景色,四面八方,高低疏密,各种远近风光都与园内景观相互渗透,浑然一体,达到天衣无缝的境界。广泛运用如此高明的借景手法,成为清漪园冠绝西郊的一个重要原因。

颐和园

1 前山望东南方向（楼庆西／摄）
2 清漪园以东的农田风光（引自中国国家博物馆藏《都畿水利图》）
3 南湖岛望玉泉山（楼庆西／摄）
4 后山望玉泉山（楼庆西／摄）

第五章 移天缩地

165

24 复杂的象征寓意

> 清漪园的景致不但是游赏的对象,同时也包含着皇权、重孝、崇佛、祝寿等不同层面的思想内涵。

中国古代皇家园林不但景象丰富,还往往含有复杂的象征寓意,以此表达皇权至尊、包容天下、儒家道德、仙境传说、神佛护佑、重农崇俭等主题,内容十分庞杂。清漪园的各个景点同样富有类似的思想内涵,超出了单纯的景观意义,耐人寻味。

清漪园规模宏大,轴线明确,其中的主要殿堂楼台大多高峻轩敞,彩画富丽,和紫禁城一样属于等级很高的宫殿建筑,其显赫气派远非官僚和百姓的私家园林可比,显示了皇权的至高无上。

全园摹拟大量的各地名胜,除了营造优美景致之外,同时也为了强调"万物皆备于我"的帝王思想,其思想根源正如《诗经》中所说的"溥天之下,莫非王土"。

历代帝王都喜欢标榜"以孝治天下"的道德准则,乾隆帝弘历也不例外。他母亲孝圣太后钮祜禄氏在当年还是皇四子侧福晋时,就因为生了弘历这个宝贝儿子而被公公康熙帝预言为"有福之人"。太后的福气确实不小,享尽了乾隆盛世的荣华富贵,快六十岁的时候,弘历还不忘在西北郊的瓮山上修建一座大报恩延寿寺为她祝寿,并改山名为万寿山。这组具有特殊含义的佛寺成为清漪园最核心的建筑群,也把皇帝的孝心大大地弘扬了一番。

佛香阁的飞檐彩画

昆明湖上有三座大岛，这种格局的象征含义更是由来已久。中国先秦时期就传说东海之上有蓬莱、方丈、瀛洲三座仙山，山上宫殿均以金银修筑而成，还有长生不死之药，很多仙人在此过着天堂一样的生活。战国时期齐威王、齐宣王、燕昭王均曾遣人入海寻求，后来秦始皇更是派遣徐福率领大量童男童女去搜寻这些仙岛，结果当然是杳无音信，于是秦始皇就在渭水河畔的兰池宫中开辟水池，其中筑岛以摹拟仙山。到了汉朝，好大喜功的汉武帝同样热心神仙方术，在建章宫中挖了一个很大的水池象征大海，其中堆置三座岛屿代表蓬莱、方丈、瀛洲三大仙山，形成典型的"一池三山"模式。

《崇庆皇太后万寿盛典图》中模仿武昌黄鹤楼的彩楼（故宫博物院藏）

颐和园昆明湖航拍图（清华大学建筑学院提供）

这种模式被后来的历代皇家园林继承，不断重复，到了清代更是屡次仿建，在承袭元明的中、南、北三海以及新建的圆明园福海、静明园玉泉湖中都设有岛屿，而清漪园昆明湖中的南湖岛、藻鉴堂和治镜阁三个大岛也同样是"一池三山"模式的重现，代表着乾隆皇帝对神仙境界的向往。

清代皇帝崇信佛教，尤其尊奉西藏的喇嘛教，在紫禁城和许多皇家园林中都修建了大量的宗教建筑。清漪园中除了位于前山的大报恩延寿寺是大型寺院建筑，万寿山北坡上修建的须弥灵境也是一座藏式风格的佛寺，成为后山主景。除了这两座完整的寺院，全园还有一些小寺庙，很多殿堂都设有佛堂或者陈设佛像，还有一些祠庙建筑分别供奉文昌帝君、玉皇大帝、关帝、龙王、蚕神、五圣等神灵，使得山水之间到处弥漫着一股浓烈的宗教气氛。这些带有祭祀功能的景点的创建目的，除了借宗教建筑的特殊造型为园景增色，还表达了祈求神佛庇佑的强烈愿望。

中国古代社会以农业生产为经济的根本，稍为开明一些的皇帝都对农业很重视。清代皇帝虽然来自关外，入关后倒也时刻以农耕为念，经常在圣旨和诗文中表达重农思想，也不时在一些皇家园林中特意设置一些农田或者菜圃，以示对农业生产念念不忘。清漪园周围有很多水田，乾隆帝并没有在园内再开辟田圃，而是别出心裁地在昆明湖西岸的延赏斋中设置一系列石碑，碑上刻有其祖父康熙帝御笔所题的全套《耕织图》，还把内务府的织染局搬迁到这里，以提倡男耕女织的经济观念。

须弥灵境经幢

1、2 清代陈枚绘《耕织图》
（台北故宫博物院藏）
3 昆明湖东岸铜牛
4 供奉关圣帝君的宿云檐

颐和园

170

昆明湖东岸有一座铜牛，与西岸的《耕织图》遥遥相对。乾隆帝有一句诗说"昆明汉记不期合"，又透露出其中蕴涵的历史典故。原来汉武帝在上林苑昆明池的东西两岸设置过两个石人，一个代表牵牛星，另一个代表织女星，而昆明池就象征着天上的银河。乾隆帝在清漪园昆明湖两岸分别设铜牛和《耕织图》石刻，显然是受汉代昆明池的启发，所以他说是"不期合"。在这里也借牛郎织女的神话传说把园景与天象星辰联系在一起。

清漪园中还有一些成对出现的景点也有特殊的象征意义。比如万寿山东端的文昌阁城关上供奉了文昌帝君，西端的宿云檐城关则供奉关圣帝君，取"文武双全、辅弼君王"之意。昆明湖南湖岛上本有龙王庙，其南小岛凤凰墩上建有凤凰楼，或有龙凤呈祥的含义。

25　水陆两线览园景

清漪园的水上游线和陆路游线各有精彩,互为补充,令人流连忘返。

清漪园有山有水,水陆交错,既可步行游览,又可乘船观赏,形成了水陆两套完整的游园系统。

陆上游览线路主要围绕万寿山展开,前山一段沿着一条一千多米的长廊行进,长廊的柱子、上楣、坐凳构成一幅幅连续的景框,宜于以平视的角度观赏南侧的昆明湖和湖上岛屿。

山脊上也有一条游线,除了可以居高临下俯视昆明湖,更可以向东远眺圆明园、畅春园等位于平地的园林以及水田,向西则可遥望玉峰塔和西山,视野更为开阔。

后山上开辟了第三条游路,从深山茂林中曲折穿越,最为幽静,其间没有太多的远景可观,却每隔一二百米就有一个高低不同的景点出现在眼前,令人目不暇接。

沿昆明湖东岸、南岸以及西堤形成第四条陆上游览线路,主要在广阔的湖上或水边行进,令游者大有

清漪园水陆游览路线图（引自清华大学
建筑学院编《颐和园》）

后山游路

样式雷绘御园游船画样
（中国国家图书馆藏）

第五章 移天缩地

173

心旷神怡之感。这几条游路又彼此交叉，共同组成完整的路径系统。

相比而言，清漪园的水路游线更加丰富。昆明湖南接长河，北通玉河，与玉泉山、圆明园、乐善园等其他御苑一脉相通。乾隆皇帝常常乘船往来此处游览。园中专门供皇室乘坐的御舟有八九条之多，而且起了"镜中游""芙蓉舰""万荷舟""锦浪飞凫"等好听的名字，其中有一艘喜龙舟，根据宫廷档案记载，船身长43.2米，宽10.5米，陈设极为豪华。这些船只大多由内务府样式房建筑匠师负责设计，穿梭水上，犹如活动的亭榭，也给山水增色不少。昆明湖西北隅设有船坞，用于贮藏游船。

清漪园前山和前湖的建筑大多临水而建，更宜坐船从水面上欣赏，昆明湖中的几个岛屿大都孤立水中，也只有乘船才能抵达。沿岸也设置了很多码头，方便随时登陆或者回船。

前山下的大型仿古游船

西堤附近的仿古小游船　　　　　　　　　　　清漪园的龙舟形象

　　乾隆帝关于清漪园的诗很多都在描绘乘船游赏的感受和不同的线路变化，乾隆年间主要的水上路径大概也可以划分为四条。

　　起点一条是从柳树夹岸的长河穿过昆明湖南端的绣漪桥，途经南湖岛，来到东北岸的水木自亲码头，主要沿着东岸向北走，逐渐靠近万寿山，感觉是经过漫长的河道铺垫而进入宽阔的大湖，所以乾隆帝在《自高梁桥泛舟进万寿寺至昆明湖之作》诗中说："夹岸轻笼绿柳阴，进舟川路霁烟沈。……近耽湖上风光好，雨后空明尽畅吟。"

　　第二条是从水木自亲码头沿着北岸向西走再向北拐，在后溪河西端的绮望轩码头登陆，乾隆帝把这条线称为"山阳放舟山阴泊"。

　　第三条游线从长廊西端的寄澜堂码头开始，先向南驶，然后向西穿过西堤的玉带桥，再折入玉河，可一直去往静明园，乾隆帝在《泛舟玉河至静明园》诗中形容为"玉带长桥接玉河，雨余拍岸水增波"。这段水道最近似江南水乡的意境，岸边的农田和竹篱村舍更增添了素雅的趣味，所以乾隆帝还有诗句描绘这种景致说"水村迎面趣清超"。

　　第四条游路始于绮望轩码头，主要沿着后山狭长的后溪河行进，南岸为青山，北岸为宫墙与叠石，水道曲折开阖，变化多端，沿途点缀少量亭台，经常有山重水复、柳暗花明的感觉，是最为特殊的水路历程。

清代宫廷有一种档案叫作"穿戴档"，专门记录皇帝每天的详细活动，包括每去一个地方采用何种交通方式、具体做什么事以及穿什么衣服，可以让我们比较真切地了解皇帝的生活细节。比如乾隆二十一年（1756年）的《穿戴档》就多次记录了乾隆帝去清漪园游玩的过程。当时园林工程已经完成大半，但还没有彻底完工，乾隆帝过来不光是为了玩，有时也为了视察工程进展。从这一年的档案记载来看，皇帝去清漪园基本上都是从圆明园出发，有时坐船，有时坐轿子，有时水陆两路换乘，偶尔还在清漪园吃早饭、办公、拜佛，比如十一月十五日的档案就这么记着："乘四人暖轿出藻园门，至万寿山进早膳、办事毕，仍乘轿至大报恩寺拜佛。"逛了一大圈，最后从原路返回圆明园，全程花了半天时间，行程还挺紧凑。

石舫附近的荇桥（上）
前山长廊北侧河上的小石桥（下）

由于水系复杂，清漪园中的桥梁数量很多，可分为石拱桥、石平桥和亭桥三类，除了前面提到过的十七孔桥、西堤六桥之外，还有最南端的绣漪桥、石舫附近的荇桥等名桥。

这些桥同时是水陆游线的重要节点——如果将游览路径比作人体的经脉，桥就相当于穴位。一般情况下，站在桥上总是可以看见最好的风景，而从桥的一头走到另一头，所见景象往往会有戏剧化的转折。水上游览的时候，桥洞宛如门洞，船从中穿越而过，有先暗后明、豁然开朗的感觉。

乾隆帝经常选择不同的季节和不同的时刻乘船游湖，这样可以体验湖上风光的四季变化和朝夕反差，引发诗兴。他写诗不算很高明，却自鸣得意，还特别希望旁边有人唱和或者喝彩。有一次一群御前大臣以及额驸（即娶了公主的驸马）陪他一起坐船，都是不懂诗的粗人，乾隆帝吟了不少诗，却无人喝彩，仿佛对牛弹琴，只好在诗中发牢骚说："同舟不是能诗者，腹稿成来独自吟。"这情景多少有些尴尬。

今天我们去颐和园游逛，不妨参考当年乾隆帝的轨迹，好好体验一下，一定可以找到更多的乐趣。

宿云檐城关下的船坞

乾隆以后的清漪园逐渐衰败，咸丰十年更遭到毁灭性的破坏。光绪年间慈禧太后再次以祝寿的名义重建此园，并更名为颐和园。颐和园重建究竟花了多少两银子？清代著名建筑匠师家族"样式雷"留下的图纸透露了古代能工巧匠怎样的杰出才智？光绪年间的颐和园又是怎样的一个政治舞台？且看本章。

晚清重建

<第六章>

26 沧桑浩劫

> 乾隆之后,清漪园和大清王朝一样盛极而衰。咸丰十年英法联军的焚掠更在此留下一片疮痍。

乾隆帝是中国古代最长寿的皇帝,一共在位六十年之久,而且退位后又接着当了三年太上皇。他在后半生的四十多年中始终把清漪园视作自己最成功的园林杰作,钟爱有加,万寿山和昆明湖也到处留下了这位风流皇帝的足迹。

乾隆之后的嘉庆和道光时期对清漪园基本上保持原样,很少改动。主要的变化是南湖岛上那座模仿武昌黄鹤楼的望蟾阁因为正迎着风

乾隆帝晚年画像(引自《故宫藏画精选》)

道光帝画像（台北故宫博物院藏）

口，多次破损，嘉庆年间被拆除，原址另建了一座涵虚堂。嘉庆帝对清漪园的兴趣不大，较少光顾这里。

　　道光初年，皇帝的后妃们生了不少公主，数量明显多于皇子，有人提出是因为昆明湖上的凤凰墩影响了皇家风水，特别旺女而不旺男，不利于王朝气运，道光帝就下令把凤凰墩上的楼阁建筑全拆了。此举也许真的管用，后来道光帝确实又添了几个儿子。可是大清王朝的衰微之象已经越来越明显了，国家财政日益困难，崇尚节约的道光帝下旨撤除三山行宫的所有陈设，其中自然包括清

破败的宝云阁（引自中华世纪坛世界艺术馆编《晚清碎影：约翰·汤姆逊眼中的中国》）

佛香阁焚后景象（引自《晚清碎影：约翰·汤姆逊眼中的中国》）

漪园。园中的山水建筑虽然依旧维持着，但园景逐渐有颓败之势，皇帝来游玩的次数也越来越少。

咸丰时期国势更加恶化，危机在咸丰十年（1860年）达到顶峰。当年九月，英法联军入侵北京，咸丰帝带着后妃仓皇逃到热河避暑山庄。十月，联军做出了一个震惊世界的决定：抢劫并焚烧圆明园以及其他西北郊的皇家园林。在这场滔天大火中，清漪园和圆明三园、畅春园、静明园、静宜园一起，遭到极为惨重的破坏，除少数建筑、景点幸存，绝大多数被焚掠殆尽。

为此，晚清著名学者王闿运作诗感慨说："玉泉悲咽昆明塞，唯有铜犀守荆棘。青芝岫里狐夜啼，绣漪桥下鱼空泣。"此情此景，和乾隆帝诗中描绘的"碧镜光中拖曲堰，绿云丛里出高楼"盛况形成了惨烈对照。

27　又一次万寿献礼

> 慈禧老佛爷决定重建颐和园，以此作为归政后"颐养冲和"的享乐天堂。

同治年间，两宫太后垂帘听政，虽然依旧面临重重的内忧外患，但由于朝廷一度重用汉族大臣，颁布了一些开明政策，开展洋务运动，并攻克太平天国首都天京，国势似乎稍为缓和，号称"同治中兴"。

在此背景下，最高统治者又动起重建被毁的皇家园林的念头，想把圆明园先恢复起来，为筹集材料，还拆除了清漪园中的部分残存建筑。不过圆明园工程预算太过庞大，国库难以应付，王公大臣纷纷反对，重建工程不久就停止了。

到了光绪年间，大权在握的慈禧太后仍然处心积虑地寻找机会重建皇家园林。这次她把目光落在清漪园上。当年乾隆帝修建清漪园时，有三个主要的借口：治水、训练水军、为太后祝寿。这个时候水是不需要再治理了，慈禧决定借用后两个理由，名正言顺地展开清漪园的重建工程。

在当时的历史背景下，清廷屡次被西方列强的坚船利炮打败，一些洋务派的官员痛定思痛，倡导建设一支强大的现代海军，朝廷也在光绪十一年（1885年）成立了专门的海军衙门，由光绪帝的亲生父亲醇亲王奕𫍽担任总理大臣，庆郡王奕劻和直隶总督、北洋大臣李鸿章、正红旗汉军都统善庆等人做副手。

慈禧太后像（引自《故宫珍藏人物照片荟萃》）

聪明的慈禧太后很快就把海军建设与清漪园重建拉上了关系，宣布于光绪十二年（1886年）开始，恢复当年乾隆帝始创的昆明湖水军操练，还在西岸"耕织图"旧址设立了一个水操内学堂。既然水操恢复了，理所当然就需要对万寿山的一些楼殿建筑进行重修，以"恭备皇太后阅看水操"，于是立刻在大报恩延寿寺旧址上开始了大规模的施工。

海军衙门官员合影（引自《京华遗韵：西方版画中的明清老北京》）（中为醇亲王奕譞，右为北洋大臣李鸿章，左为正红旗汉军都统善庆）

　　慈禧太后当然也知道，凭借水军操练这个掩耳盗铃的借口大肆建园，实在难以服众，于是又以光绪帝的名义提出了弘扬孝道、为太后颐养祝寿的新理由。

　　光绪十四年（1888年）二月，皇帝颁布上谕，大概的意思是说：清漪园万寿山的大报恩延寿寺本来就是乾隆皇帝为母亲孝圣太后三次贺寿而建，体现了君王的纯孝之心，为我们这些后代做出很好的榜样，因此我决定效仿祖宗，对清漪园的建筑进行适当地整修，以备皇太后临幸，并作为太后六十岁万寿庆典的举办场所。同时宣布把清漪园改名为"颐和园"，以强调太后"颐养天年""乐寿冲和"的主题。从此，这座饱经沧桑的名园以"颐和园"这个新名字著称于世。

　　这次重建工程的理由冠冕堂皇，因此没有遭到强烈反对。工程大概一直延续到光绪二十年（1894年）才基本完成。这一年正是慈禧老佛爷的六十寿辰，却爆发了中日甲午战争，中国北洋水师全军覆没，筹备已久的颐和园万寿庆典并未举行。

关于颐和园重建的总费用没有明确的档案记载，但肯定超过了五百万两白银。这个数字与乾隆时期清漪园的最终销算总额四百四十八万多两相差不远。但此时国家的景况根本无法与乾隆盛世的富足相比，这些钱有很多是打着"增加海防"的旗号搜刮而来，甚至醇亲王奕谖领导的海军衙门也成了颐和园工程的总指挥所，把殿堂楼阁的招标、验收工作当成凌驾于军事建设之上的头等大事来抓。

后来北洋水师在甲午战争中一败涂地，有人指出溃败的一大主因是慈禧为修颐和园挪用了北洋海军建设经费，戊戌变法后逃亡日本的梁启超在《瓜分危言》一文中更是言之凿凿："括全国之膏血以修国防，而其实乃消磨于园林土木之用，莫之或知，卒令一蹶不振。割千余里之辽、台，偿二百兆之金币；元气尽断，国丑全露。"

事实上，当时北洋海军得到慈禧的大力支持，军费由户部专管，并未被侵占，修园工程仅调用了部分海军衙门经费，二者不是一回事。当时朝廷花钱的地方很多，比如营建两宫太后陵寝、光绪帝大婚、各地河工等每一项都耗费白银数百万两，财政窘迫，军费自然不足。在此情形之下，还花费巨资修园子，由此留下千载骂名，恐怕也不算太冤枉。

慈禧太后扮观音画像（引自《清史图典》）

28 "样式雷"主持重建

颐和园重建工程留下了不少珍贵的"样式雷"图纸,古代工匠的巧思令今人惊叹。

重建之后的颐和园成为西北郊仅存的完整的皇家园林，虽然仍然大致保持原来清漪园的规模和格局，但地位大大提高，不再是三山行宫之一，而是成为皇帝和太后长期居住、理政的离宫，功能相当于康熙时期的畅春园和雍正—咸丰五朝的圆明园。

颐和园基本上是在其前身清漪园的遗址上复原而成，原有的山水格局没有变化，少量残留的建筑依旧保留，大量建筑是在原有台基上原样复建。但细节上也有不少变化，主要的改动包括对戏楼等少数建筑做了扩建，原来的一些楼阁、殿堂、亭榭根据新的功能改建为不同的形式，又在东部的一些空地上见缝插针增添了不少辅助房屋。好几处两三层的楼阁复建后改成了单层平房，显得平淡了许多。

当然，也有很多清漪园时代的景点没有得到恢复，只留下残基供后人凭吊。为了加强安全保卫，昆明湖的东、南、西三面增加了宫墙围合，削弱了原来内外交融的特色。加上周围其他御苑已经被毁，颐和园的借景条件明显不如当年的清漪园。

园中功能变化最大的是宫廷区。当年乾隆帝所设的勤政殿、乐寿堂、玉澜堂等建筑基本上是象征性的摆设，使用频率很低，但光绪时期皇室需要长期在此生活居住、理政，宫廷区的重要性大大提高，不但勤政殿改名仁寿殿，成为离宫正殿，军机处等核心政府机构还获准设置了值房，颐和园俨然成为紫禁城之外的第二政治中心。

清代佚名绘《颐和园八旗兵营图》（中国国家博物馆藏）

光绪时期颐和园总平面图（黄晓根据清华大学建筑学院编《颐和园》重绘）
1东宫门 2仁寿殿 3仁寿殿 4奏事房 5电灯公所 6文昌阁 7耶律楚材祠 8知春亭 9杂勤区 10东八所
11茶膳房 12德和园 13玉澜堂 14夕佳楼 15宜芸馆 16乐寿堂 17永寿斋 18扬仁风 19赤城霞起
20含新亭 21荟亭 22福荫轩 23养云轩 24意迟云在 25无尽意轩 26长廊东段 27对鸥舫 28写秋轩
29重翠亭 30千峰彩翠 31转轮藏 32介寿堂 33排云殿 34佛香阁 35智慧海 36宝云阁 37清华轩
38邵窝 39云松巢 40山色湖光共一楼 41长廊西段 42鱼藻轩 43贵寿无极 44听鹂馆 45画中游
46湖山真意 47西四所 48承荫轩 49石丈亭 50寄澜堂 51清宴舫 52小有天 53延清赏 54临河殿
55荇桥 56五圣祠 57小西泠（长岛）58迎旭楼 59澄怀阁 60宿云檐 61北船坞 62半壁桥 63如意门
64德兴殿 65绘芳堂 66妙觉寺 67通云 68北宫门 69三孔桥 70后溪河船坞 71香岩宗印之庙 72云会寺
73善现寺 74寅辉 75多宝塔 76景福阁 77益寿堂 78乐农轩 79自在庄 80谐趣园 81霁秦清轩
82二龙闸 83新宫门 84铜牛 85廓如亭 86十七孔桥 87广润祠 88鉴远堂 89涵虚堂 90南湖岛
91凤凰墩 92绣漪桥 93柳桥 94藻鉴堂 95畅观堂 96练桥 97镜桥 98玉带桥 99治镜阁 100蠲风桥 101西宫门
102界湖桥 103青龙桥

　　乾隆时期奠定的水陆两套游线系统也仍然保留，当年的御舟早已无存，因此重新打造了八条专用游船，太后坐的叫"镜春舻"，皇帝用的叫"水云乡"，皇后乘的叫"卫凤"。

　　较有新意的是李鸿章专门进献了两条德国制造的小火轮，分别叫"翔云"和"翔凤"。这种先进的洋玩意当年乾隆皇帝可没有享受过，为此颐和园还专门设了一个轮船公所来负责这两条轮船的维修工作。

　　同时，园中主要殿堂的窗户上都安装了当时还比较稀罕的玻璃，室内还装有同样由德国进口的全套电气照明设备，为此园中又设了一个电灯公所。可见，慈禧她老人家在享乐方面一点都不落后，基本上都能赶上国际最新潮流。

　　综合而言，重建后颐和园大体上继承了清漪园的精华部分，但并非全部，外围环境也有变化；新园根据需要做了若干细节改动，但普遍逊色于乾隆时期的艺术水准。由此可见，作为晚清末世御苑杰作的颐和园，只是大清王朝园林史上的一次回光返照，难以与康乾盛世相提并论。

　　说到颐和园的重建工程，不能不提到清代著名的建筑匠师家族"样式雷"。这个雷姓家族的始祖雷发达本是江西人，康熙年间进京参与畅春园工程，成为著名工匠，后来其子孙世代在内务府样式房供职，故而有了"样式雷"的美称。样式雷在二百多年时间里主持设计了大量的皇家建筑和政府建筑，包括宫殿、御苑、王府、衙署、城门等等，无论是乾隆时期的清漪园还是光绪时期的颐和园，其中的殿阁亭台都出自样式雷的手笔。

清漪园时期的样式雷图大多已经难以寻觅，但光绪时期的重建图样还有很多保存在中国国家图书馆，是极其宝贵的古建筑设计资料，展现出古代能工巧匠的杰出才智。

当时担任样式房掌案的是雷家第七代传人雷廷昌，除了颐和园工程，他还主持了天坛祈年殿和紫禁城太和门的重建，并且设计了同治帝的惠陵、光绪帝的崇陵以及慈禧、慈安两太后的陵寝，堪称一代建筑大师。

颐和园的样式雷图分不同类型，包括地盘画样（平面图）、立样（立面图）和大木立样（剖面图），画得都很精致，上面大多注着尺寸，其科学和严谨的程度与今天的建筑工程图纸非常接近。

特别是一些建筑虽然做了设计，但并没有建成，幸存的图纸可以告诉我们很多当初的构思情况和设计意图，其中有一些造型很特殊的小建筑，很是引人遐想。比如曾经计划重建昙花阁，平面被设计成六尖瓣昙花的形状，外面还加了一圈同样采用昙花形的围墙，极为别致，

福荫轩今景

样式雷绘福荫轩（卷书平台）地盘图（中国国家图书馆藏）

颐和园德和园戏楼烫样（故宫博物院藏）

样式雷绘昙花阁立样（中国国家图书馆藏）

可惜后来没有按照这个式样来建。

样式雷还设计了一座名叫"福荫轩"的三间小书房，采用弯曲的书卷形平面，想法大胆超前，简直有点像后现代时期的作品。这座小轩最后在万寿山后山落成，宛如一本掉落在山林间的书册。

除了图纸和文字说明，样式雷还用硬纸板、秫秸秆等材料制作了很多建筑模型，外表涂上颜色，内部还将隔断表示出来，效果极为逼真。因为这种模型需要用烙铁烫一下定型，因此称作"烫样"。烫样同样严格遵循比例，看上去更加直观。

有赖于这些样式雷图档，现代学者得以深入了解颐和园重建工程的许多细节，进而探讨古代建筑的设计原理，对今天的建筑创作也有重要的启发意义。

颐和园

194

样式雷绘万寿山宝云阁立样

样式雷绘排云殿地盘画样（中国国家图书馆藏）

29　历史的见证者

> 光绪时期的颐和园是紫禁城之外的第二政治中心，是许多重要历史事件的见证者。

从颐和园尚未完工的光绪十八年（1892年）开始，慈禧太后就频繁光顾这里，并住在园中的乐寿堂。

这个时候光绪帝名义上已经"亲政"，至少表面上能保持一点点独立的尊严，有时陪同太后住在园里，有时请过安就回城里了，独自在紫禁城养心殿居住、理政。到了光绪二十二年（1896年）正月，军机处、南书房等部门正式迁到颐和园，皇帝和太后在园中办公、居住的天数明显增加，经常在此举办大型宴会，还在此接见外国使者。最重要的仪典活动是园中先后举办过三次太后万寿庆典。

光绪二十四年（1898年）发生了著名的戊戌变法，颐和园堪称承载这一历史事件的主要舞台之一。

光绪帝画像（引自《清史图典》）

当年农历四月二十八日（6月16日），光绪帝在颐和园仁寿殿接见了维新派的领袖康有为。凌晨时分康有为先到朝房等候，与军机大臣荣禄谈论变法事宜，后被太监传入，与光绪帝密谈约十五分钟即出。皇帝被康氏慷慨激昂的主张所打动，当日传旨令康有为"在总理各国事务衙门章京上行走"，开展轰轰烈烈的变法活动。

玉澜堂西厢房藕香榭

这段时间一直住在颐和园的慈禧隐藏在幕后，却秘密地与保守派大臣多次密谋，阻挠新政的实施。陷入困境的维新派一度决心铤而走险，想游说掌握兵权的袁世凯发兵围住颐和园，迫使慈禧彻底放权。最终软弱幼稚的皇帝和急躁冒进的变法志士们功败垂成，无论是颐和园还是全中国，都依旧是慈禧太后的天下。

变法失败之后，"戊戌六君子"被杀害，慈禧太后宣布重新开始"训政"，光绪帝彻底沦为傀儡，生活行踪也完全被慈禧控制，基本上是慈禧去哪里，皇帝就必须像影子一样跟到哪里。

玉澜堂和两侧厢房是光绪帝在颐和园的住所，其原本开敞的后廊都被用砖封砌起来，弄得就像高级牢房，以限制他自由活动。在生命最后的十年中，光绪帝断断续续在这里郁闷地度过不少时光。在同样一座园林中，曾经绚烂的理想化为泡影，理应乾纲独断的皇帝沦为囚徒，戏剧般的历史事实足以让后人唏嘘不已。

颐和园的劫难并未全部结束。光绪二十六年（1900年）八国联军入侵，太后和皇帝又一次仓皇出逃，这次是逃往西安。于是御苑再度遭遇侵略者的铁蹄践踏，俄国、英国和意大利的军队相继驻扎进颐和园中，盘踞了一年多。万幸的是这次强盗们没有像四十年前那样纵火焚烧，但是园中的家具陈设依然被抢掠一空，建筑也遭到不同程度的破坏。

两年后，太后和皇帝回到北京。慈禧立刻下旨重修满目疮痍的颐和园，并且于光绪二十九年（1903年）在园中举办了最后一次万寿庆典。这一年，慈禧已经接近七十岁，五年后就与光绪帝几乎同时病死。

接下来大清王朝的皇位传到一个三岁孩子手里，光绪帝的遗孀隆裕皇后升格为太后，继续垂帘听政。此时清朝已经濒临灭亡，皇室躲在紫禁城中惶惶不可终日，再也无心游赏颐和园了。

1911年辛亥革命爆发，次年清廷正式宣布退位。当时清廷与中华民国临时政府签订了《清室优待条件》，该条例不但允许末代皇帝溥仪保留皇帝尊号、继续住在紫禁城，而且仍将颐和园算作皇室财产，强调等到合适的时机，皇室将会从紫禁城移居颐和园。

按照条例规定，民国政府每年拨款新币400万元供皇室日常开支之用，但因为财政拮据，这笔岁费经常拖欠。溥仪的小朝廷入不敷出，为了赚点钱，决定将颐和园改成公园，向公众开放，每张门票一元二角大洋。

1 八国联军占领期间的颐和园佛香阁（引自《帝京旧影》）
2 童年溥仪像（引自《光影百年——故宫博物院九十华诞典藏老照片特集》）
3 仁寿殿前从圆明园遗址移来的铜麒麟
4 仁寿殿前从圆明园遗址移来的太湖石

这个价格在当时数额不算小，可以买30斤上等大米，但还是吸引了海内外大批游客前来观光。游客在东宫门前的照壁下车，在北朝房买票，然后检票进东宫门，由园内的杂役负责导览。

1924年冯玉祥发动兵变，溥仪被驱逐出宫，颐和园与故宫一起都被收归民国政府所有，正式成为公园。但那时的颐和园疏于管理，久未整修，景色凋零，乏善可陈。为了筹措经费，园方还一度将昆明湖承包给私人公司开办养鱼场。1937年5月园方将圆明园遗址的一尊铜麒麟和四块太湖石移到颐和园仁寿殿前面，麒麟和石头至今仍在。

颐和园在光绪时期是皇室朝会理政和生活起居的场所，已超出了普通园林的意义。外朝大殿承担了怎样的功能？太后、皇帝和后妃的寝宫如何分布？其中又隐藏着怎样的玄机？德和园大戏楼如何表演人型神话剧？且看本章。

帝后园居

<第七章>

30 离宫正殿

作为颐和园最重要的朝仪大殿，仁寿殿是紫禁城太和殿的缩影。

颐和园东宫门（楼庆西/摄）

颐和园现存的大多数景点都经过光绪时期的重建和重修，殿堂建筑的功能也发生了若干变化。其中最重要的变化就是乾隆时期使用频率很低的宫廷区真正成为皇室举行仪典、处理政务和日常生活的重要场所。

颐和园的正门东宫门依旧朝东，三间板门上布置着最高等级的九九八十一颗铜钉，左右放置一对铜狮子，门前有一座影壁，再东面有一条弯弯的金水河，河的东面则竖立了一座大型牌坊。

金水河上曾经架设过三座汉白玉的拱桥。去过故宫的人应该记得，天安门和太和门的前面都有类似的河和桥。皇家园林作为宫殿的一种类型，入口常常采用与紫禁城相同的模式，以强调皇家的尊严。

颐和园整个外朝部分都呈东西向，有一条完整的中轴线。东宫门外设有南北朝房，门内设有两排九卿办公用房，大臣们经常在这里等候召见。再进入一道名叫"仁寿门"的牌坊式二门，就来到外朝区的主庭院。院子正中是一座七

颐和园宫廷区平面图
1 东宫门 2 仁寿门 3 仁寿殿 4 玉澜堂 5 宜芸馆 6 水木自亲 7 乐寿堂 8 夕佳楼 9 德和园 10 扬仁风
(引自清华大学建筑学院编《颐和园》)

1 仁寿殿
2 仁寿门
3 仁寿殿明间匾额

颐和园

204

仁寿殿宝座（楼庆西／摄）

第七章 帝后园居

仁寿殿天花板（楼庆西／摄）

间大殿，屋顶采用歇山式样，这就是由乾隆时期的勤政殿演变而来的仁寿殿。

　　仁寿殿是颐和园的正殿，相当于紫禁城中最显赫的大殿太和殿，地位最高，檐下有斗拱，彩画艳丽，门窗上安装的花格是最显赫的"三交六椀菱花"，但此殿的体量要比太和殿小很多，屋顶铺设灰瓦而非琉璃瓦，差别很明显。室外台基上放着四个铜香炉以及铜鹤、铜龙各两座，殿内设有宝座，室内高挂着九块匾额，其中宝座上空的那块最为显眼，写的是"寿协仁符"四字——意思是自己的所作所为最符合"仁寿"的定义。

　　"仁寿"两个字出自《论语》："知者乐水，仁者乐山；知者动，仁者静；知者乐，仁者寿。"在这里统治者以爱山的"仁者"自居，以希望得到长寿永安。大殿内的宝座很宽，当年太后与皇帝曾经并坐于此接见大臣，慈禧太后坐在中央，光绪帝反而畏畏缩缩地坐在旁边。

庭院中种植了成行的松柏，气氛显得比别处庄严一些。

仁寿殿和东宫门外围还有不少辅助房屋，安排军机处、六部公所、奏事房等办公用房和值班住宿用房。不过由于空间有限，有些房间又堆放着许多杂物，以至于当年在此办公的官员抱怨地方不够用，晚上的时候更有人无处可住，只好去周围的王公花园寻求借宿。

清廷在每年正月要举办"廷臣宴"，就是专门宴请一二品的顶级大臣，以示优待。颐和园仁寿殿重建完成后，经常举办廷臣宴。这是一种仪式性的宴会，吃饭、喝酒都是装装样子，旁边还有专门的奏乐。

在列强的枪炮威逼下，晚清朝廷无法再像早先那样一味闭关自守，被迫加强了与外国的交往。颐和园是一处重要的外交场所，其中发生的一次比较重要的外事活动是光绪二十四年（1898年）四月二十五日太后和皇帝接见德国亲王亨利。

当时的情形大致如下：亨利坐轿子在24名士兵的陪同下径直进入东宫门，军机大臣前往迎接，安排他们在仁寿殿的南配殿等候，接着传亨利去乐寿堂见慈禧太后，再去玉澜堂见光绪帝，随后光绪帝陪亨利步行回到南配殿，向随行的德国兵士表示慰问，这些兵士还在皇帝面前表演了举枪、击鼓、拔刀的仪式，表示致敬。接见结束后皇帝退回玉澜堂，改由庆亲王奕劻等大臣领亨利坐船游南湖岛上的龙王庙。

当太后、皇帝和后妃都住在园子里，他们的寝宫如何分布？

德国亲王亨利乘轿前往颐和园（引自《京华遗韵：西方版画中的明清老北京》）

31　乐寿堂前"败家石"

乐寿堂是颐和园最大的寝殿,慈禧太后曾在此生活起居。

水木自亲门殿

清漪园时期的乐寿堂是按寝宫设置的，乾隆帝曾打算退位当太上皇之后来常住。光绪时期的乐寿堂仍然按原样重建，用作慈禧太后的寝宫。

乐寿堂院落的南侧临水建了五间门殿，名叫"水木自亲"，门前设有码头，平时慈禧太后可以直接在此上下船。

院子中央的正殿就是乐寿堂，规模比玉澜堂和宜芸馆都大得多，一共有七间，周围带一圈廊子，前后分别伸出五间和三间抱厦。廊前柱子上挂着一副对联，上面写着"亿载诒谋德超千古，两朝敷政泽洽九垠"，这是吹捧慈禧太后的话，赞美她在同治、光绪两朝垂帘听政，为大清亿万世子孙谋划未来，品德超越千古，恩泽洒遍九州大地。

颐和园

210　乐寿堂临水院墙处的花窗

乐寿堂西配殿匾额上的光绪御笔"仁以山悦"

乐寿堂内的玻璃屏风（楼庆西/摄）

大殿两厢为"舒华布实""仁以山悦"两座五开间穿堂。乐寿堂后设有一进狭长的院落，院北为一座九开间的后照殿。正院左右还带有跨院，其西设有小花园"扬仁风"。这一带的院墙都采用江南常见的白粉墙，墙上开设了很多形状各异的漏窗，在宫殿建筑的贵气之外又表现出一定的淡雅风格。

乐寿堂寝殿的室内分隔和陈设非常复杂，南侧的窗户都镶嵌着精细的淡蓝色玻璃，下半截用高丽纸遮掩。中央设置了一面巨大的穿衣镜，一直高到屋梁的位置。室内用碧纱橱分隔成不同的部分。大殿的后部设有玻璃制造的四扇屏风，上面镶满宝石，色彩非常绚丽。屏风前就是太后的宝座床，造型就像一个长炕，方便太后随时休息。宝座两边有两把孔雀羽扇，插在景泰蓝架子上，旁边还有很多景泰蓝花瓶和瓷器，里面装着苹果、木瓜及佛手，加上殿内的许多花草，香气扑鼻。殿西侧有一间佛堂，中间供奉坐在莲花上的观音菩萨，前面设有供桌，放置花果供品，还放着一座终年香火不断的大铜鼎。东侧是慈禧的卧室，墙上的大镜子上贴着"寿"字。卧室后有一个大房间，用作太监和宫女值班的场所。这座大殿足以满足慈禧平时接见、住宿、拜佛的各种需要。

乐寿堂

乐寿堂室内（楼庆西/摄）

　　清代离宫的寝殿卧房中都会设炕床，有烟道与室外连通，入冬后启用，同时还会摆放火盆，以保证室内暖和。不过一般冬天皇室都会回紫禁城或中南海居住，在离宫中生活的时间并不长。

　　乐寿堂院子里的花卉和石头是全颐和园最漂亮的。大殿前面种着大棵的玉兰花、海棠、牡丹，还有紫藤、芍药、玉簪，从春到秋都呈现出一派繁花似锦、姹紫嫣红的景象。

　　院子中央有一块巨大的湖石，名叫"青芝岫"。这块石头大大有名，还有个外号叫"败家石"。原来明朝万历年间，北京有一位文人名叫米万钟，是当时第一流的书画家和诗人。这人非常喜欢园林，在北京城内城外一连建造了三座私家花园，又酷爱奇石，到处搜罗各种姿态特别的石头来装点自己的园子。他在北京远郊的房山发现一块大石头，长达三丈多，既雄伟又灵秀，于是千方百计想把这块石头运到自己西北郊的花园勺园中去。古代没有先进的运输设备，要运这种笨重家伙是很困难的，运费极其高昂，米万钟把家产都花光了也只运到良乡，最终只好放弃，"败家石"的传说也由此而来。到了乾隆时期这块石头居然还在，皇帝就下令把它直接运到清漪园。皇家的实力毕竟远非一般文人可比，大石头很顺利地矗立在了乐寿堂前，乾隆帝还给它起了个雅致的名字叫"青芝岫"。

光绪时期，住在乐寿堂时的慈禧，时时都面对着这块"败家石"，这似乎是对老太后无言的讽刺。

清皇族溥雪斋先生在《晚清见闻琐记》中回忆了光绪三十年（1904年）时慈禧太后在颐和园一天的生活：

> 每晨按时起床（宫中叫作"请驾"），起床后为梳洗时间，这时各处的供差太监等皆鹄候着太后梳洗。梳洗完毕后，室内太监喊"打帘子"，专供开帘的"殿上太监"便应声将帘子打开。这时鹄立等候的太监等跪满殿内和庭中，同时高呼"老祖宗吉祥"，真是一呼百应，大有声震屋瓦之概。太后走出外屋，先披阅各处的奏折，看完即到仁寿殿传见臣工，当时叫作"起见"，又称为"叫军机"。接见之后回到乐寿堂住处"传膳"（吃饭），吃饭后照例要"进果盒"，即吃干鲜水果、点心之类。吃完果盒照例出去散步一次，经常好在长廊上漫步，由宫眷、太监、宫女等簇拥跟随，准备太后随时乘坐的小轿等也在后随行。散步后回寝宫歇午觉，睡醒有时到听鹂馆绘画消遣。……还有时一高兴，命把"咱们本家儿的叫来"（当时呼宫中太监戏班之语），于是太监便开始"髦儿排"，即不上装的清唱。……观剧后"进晚膳"，用饭毕还要摆上果桌、果盒等。太后这时不

有精致海浪纹的青芝岫青石底座　　　　　青芝岫

一定吃，身旁的宫眷等却要随着大吃一顿。晚饭后到仁寿殿写大字，如四尺的"福""寿"字等。写完几幅之后，照例还有一顿夜宵（宫中叫作"灯果"），如酱肉、小肚、烧饼、粥之类。……非等太后入了"寝宫"，宫中是不能静下来的。慈禧太后一天的生活概况就是这样。

由此可见，慈禧日常的生活主要以乐寿堂为中心，在一大堆人的伺候下过得很滋润。

大臣裕庚的女儿德龄曾经陪伴过慈禧两年多，也在颐和园中住了很多日子，后来写了一本《清宫二年记》回忆当时的宫廷生活。她在回忆录中专门提到："太后有一种脾气，就是不喜欢在固定的地方用膳，到什么地方就在什么地方用。"

慈禧太后经常在颐和园乐寿堂接见各国公使的夫人，并合影留念。颐和园中举行的这类活动一般都是非正式的，环境气氛要宽松随便一些。

这其实也是清代皇帝、太后相沿成习的一贯作风，紫禁城和皇家园林中都没有固定的餐厅。慈禧太后多数在乐寿堂和看戏的颐乐殿用膳，同时也会根据游乐活动的进程把饭开在排云殿或园中其他景点，甚至轮船上。

慈禧太后御笔"龙""虎""福""寿"（引自《清史图典》）

慈禧太后在乐寿堂前留影（引自《故宫珍藏人物照片荟萃》）

慈禧太后在颐和园乐寿堂接见外国公使夫人（引自《故宫珍藏人物照片荟萃》）

乐寿堂内的炕床（楼庆西／摄）

32　皇帝与后妃的寝殿

> 玉澜堂是光绪帝的寝宫，宜芸馆是皇后的寝宫，规模不大却比紫禁城更为敞亮舒适。

仁寿殿西侧有一大座假山，把后面的景物遮住了。穿过山间一条弯曲的小径，就来到内寝区域。内寝区域改为南北朝向，西部就是前面所说的乐寿堂，东部一组庭院是玉澜堂和宜芸馆。

玉澜堂在乾隆时期只是一组不太重要的庭院，皇帝偶尔在此办公或者吃饭，但在光绪时期成为皇帝的正式寝宫。其中的正殿悬挂"玉澜堂"匾额，两侧的厢房分别叫霞芬室和藕香榭。后院建了一座两层的楼房"夕佳楼"，取自东晋陶渊明诗句"山气日夕佳"——因为庭院的西侧就是浩渺的昆明湖，波澜明净，荷藕清香，而且傍晚时分可以看见夕阳晚霞映照下的西山群峰。这些殿堂和楼阁的名字都在描绘各种景观特征。

读过《红楼梦》的朋友也许记得大观园中也有一座藕香榭，是一座盖在水池中央的水榭，贾府有时候在榭中唱戏，观众隔着水欣赏。颐和园的藕香榭是一座普通的西厢房，因为临近湖岸而略有水榭的意趣，与《红楼梦》的藕香榭凑巧同名，二者并无关联。榭上有一副对联"台榭参差金碧里，

光绪帝读书像（引自《清史图典》）

玉澜堂厢房霞芬室室内陈设示意图（引自清华大学建筑学院编《颐和园》）

玉澜堂（上）、夕佳楼与藕香榭（下）

烟霞舒卷画图中"，正是其后窗观景画面的真实写照。

玉澜堂是五间殿宇，前后又分别凸出三间，这种形制在古建筑中称作"抱厦"，可以扩大建筑的室内空间。殿内也设有皇帝的宝座，靠近后窗位置，有时候光绪帝就在这里召见亲信大臣。他的老师翁同龢有一次在这里参见皇帝，回去后在日记中称赞玉澜堂的室内非常宽敞，光绪帝也亲口向他表示"此堂明爽胜宫中"。"宫中"指的是大内紫禁城，皇帝在那里的寝宫兼办公室是养心殿，空间复杂，充满隔断，有点局促。玉澜堂的室内面积并不算大，但很少隔断，反而显得更敞亮些。

玉澜堂北面紧接着的两进院子就是宜芸馆。"芸"是一种香草，可以插在书中防止虫蛀，所以古代也把书籍称作"芸编"，乾隆时期的宜芸馆是一处书房，所以起了这个名字。光绪时期把这组庭院用作隆裕皇后的寝宫。隆裕是慈禧太

宜芸馆

后的侄女，光绪帝很不喜欢她，两座寝宫虽然紧挨着，却对这对夫妻的冷淡感情没起到任何改善作用。

宜芸馆庭院东边的屋子是光绪帝另一妃子瑾妃的住所。从照片上看，瑾妃比较胖，与瘦弱的隆裕皇后对比鲜明。

瑾妃的妹妹珍妃很漂亮，曾经是光绪帝最心爱的妃子，据说八国联军侵华那一年被即将离京的慈禧下令投入紫禁城的一口水井。可惜今天已经无法考证当年珍妃在颐和园中究竟住在哪里，不过按情理推断应该也在宜芸馆的院子里。

中国古代建筑有一个重要的特点，就是很讲究等级，特别是居住建筑，几乎是主人身份高低的直接体现。一组宫殿建筑的等级需要通过规模大小、大门与正殿的间数多少和屋顶形式以及彩画类型来决定。

以此标准来考察，内寝区的乐寿堂、玉澜堂、宜芸馆三组建筑的等级差异是很明显的，比如从规模来看，乐寿堂院子很大，玉澜堂和宜芸馆明显要小得多；从大门来看，乐寿堂的入口叫"水木自亲"，是一座五间门殿，而玉澜堂大门为三间，宜芸馆的前门只是一间垂花门；再从正殿来看，乐寿堂有七间之多，屋顶是歇山，玉澜堂和宜芸馆都是五间，屋顶只是硬山，要比歇山低两级；最

颐和园帝后寝宫的匾额与彩画比较

隆裕皇后（上）与瑾妃（下）
（引自《故宫珍藏人物照片荟萃》）

　　后再看彩画，乐寿堂用的是旋子彩画，等级也高于玉澜堂和宜芸馆所用的苏式彩画。

　　综合说来，乐寿堂的等级无疑最高，玉澜堂次之，宜芸馆再次之。这三组建筑形象地代表着光绪时期太后、皇帝和皇后在宫廷中的实际地位，也是古代宫廷建筑群中的罕见特例。

㉝ 大小戏楼筑升平

颐和园中有一大一小两座戏楼，是慈禧太后最喜欢光临的场所。

颐和园德和园与听鹂馆戏楼位置示意图

听鹂馆庭院

清代的皇室非常喜欢看戏，所以无论是紫禁城还是圆明园、避暑山庄等御苑，都专门建造了大型戏楼，以满足日常娱乐。

乾隆时期的清漪园中也建了一个小戏园，名叫"听鹂馆"，意思是欣赏黄鹂般歌喉的地方，位于万寿山南麓偏西的位置，传说当年乾隆帝曾在此客串演过戏。

听鹂馆是一个四合院，光绪时期重建后把戏台设在南面，北面建了五间正房作为看戏殿，正好对着戏台。慈禧太后经常在这里看看小戏，有时候还即兴作画，很是悠闲自在。

不过听鹂馆毕竟空间太小，无法表演《西游记》之类的大型神话剧。因此酷爱热闹戏的慈禧早就下令在宫廷区东北面原怡春堂的基址上扩建一座德和园大戏楼。这组新建筑包含四进院子，规模完全可以与紫禁城畅音阁、圆明园同乐园和避暑山庄清音阁这三大戏楼并驾齐驱而毫不逊色。

听鹂馆戏楼　　　　　　　　　　　　德和园大戏楼

听鹂馆总剖面图（引自清华大学建筑学院编《颐和园》）

第七章 帝后园居

223

位于核心位置的德和园大戏楼共有三层，总高度达22米，上、中、下各层分别叫"福台""寿台""禄台"，名称很吉祥。

大戏楼每一层都挂了一块匾额，从下到上分别写着"驩胪荣曝""承平豫泰""庆演昌辰"。"驩胪"也经常写成"胪欢"，就是"歌舞欢腾"的意思，另外两块的含义是"体现太平盛世的春意"和"在繁荣的时刻表演"，都在鼓吹一片祥和安乐的气氛。

大戏楼

德和园不仅三台的名称追求吉祥，窗格处也以蝙蝠和寿字造型表达祈福之意

颐乐殿　　　　庆善堂

德和园总平面图（引自清华大学建筑学院编《颐和园》）

庆演昌辰

承平豫泰

旸胪荣曝

德和园大戏楼上、中、下三层内各自悬挂的匾额

德和园总剖面图（引自清华大学建筑学院编《颐和园》）

德和园楼板中央设有天井，当演出神话大戏的时候，演员扮的天兵天将可以从天而降，还可以通过机关布景喷水、喷火、洒雪花、制造特殊音响效果，体现逼真的特技，非常热闹。戏楼背面设有两层的扮戏楼，演员在此化妆、准备、退场。

大戏楼正对面的颐乐殿是看戏殿，共有七间，台基比戏楼的底层台基高出22厘米，这样可保证看戏者将三层戏台尽收眼底。太后的宝座就设在当中一间，颐乐殿的后面还有五间后照殿，皇室成员看戏看累了，可以过来更衣、休息。颐乐殿东西两厢的廊子是王公大臣们陪同看戏的地方，位置明显差一些，不过也能看得很清楚。

德龄在《清宫二年记》中详细记载了一次在德和园看戏的经历。当天演的第一出是《蟠桃会》，穿着黄袍和红袈裟的仙界之人从天而降，戏台的中央和四角各有一座宝塔升起，从里面走出来五位菩萨。随后台上又升

颐乐殿

德和园大戏楼楼板天井

颐乐殿室内陈设(楼庆西/摄)

起一朵巨大的莲花，观音菩萨坐在花上，旁边站着一对童男童女。接着王母娘娘出场，众多仙人陪侍，齐天大圣孙悟空最后登台，大闹酒宴。华丽的布景和壮观的场面让刚从国外回国的德龄十分惊叹。

　　清宫专门设有戏曲管理机构"升平署"，光绪时期每逢节日或者重要庆典都要在德和园开演连台大戏，以营造歌舞升平的世界，粉饰太平。当时最受慈禧喜爱的京剧演员有谭鑫培、杨小楼等人，他们高亢优美的嗓音似乎至今仍在德和园上空回响。

慈禧太后(中)扮演观音的化妆照片(引自《故宫珍藏人物照片荟萃》)

喜欢看戏的慈禧太后从未像乾隆帝那样亲自粉墨登场,不过显然她老人家的表演欲也很强烈。清末照相术刚刚传入中国,得到上层社会的青睐,慈禧对此极为热衷,留下了不少照片,其中有相当一部分属于化妆照片。

慈禧本人一般都扮作观音菩萨,一位得宠的庆王府四格格在旁边扮龙女,大太监李莲英还一本正经地捧着一柄杵扮作护法韦陀,周围放了很多盆的荷花作为布景,很像戏台上出现的一幕,只是照片上皱纹累累的"观音"和目光呆滞的"韦陀"看上去实在有几分滑稽。

重建后的颐和园依旧保留着当年清漪园的精华，堪称古代皇家园林的最后绝唱。排云殿体现了太后怎样华丽的排场？石舫为何模仿西式轮船？谐趣园在哪些地方借鉴了江南名园？且看本章。

胜景

<第八章>

依稀

34 排云殿中的辉煌盛典

> 乾隆时期的大报恩延寿寺被改建成华丽的排云殿，慈禧太后坐在大殿中央接受万寿朝贺。

光绪时期颐和园排云殿与佛香阁鸟瞰图（引自清华大学建筑学院编《颐和园》）

除楼阁之外，光绪时期的颐和园在万寿山的前山还复建了一些亭、轩和小院落，规模不大，但都与山形、树木融为一体，成为出色的片段小景。

例如东侧的山坡上有三组小建筑，北为益寿堂院落，南为自在庄，东为乐农轩。其中益寿堂是大型的北方四合院式样，而自在庄和乐农轩则很像乡间的农舍酒肆，显示出一点山村情趣，慈禧太后当年经常在此更衣、休息。

乾隆时期的万寿山中央修建过一座大报恩延寿寺，这片基址也是光绪时期重建工程的重点。位于佛寺北侧的主体佛香阁按照原样重建，劫后幸存的众香界牌坊、智慧海无梁殿以及转轮藏、宝云阁都得到保留和维修，而其余部分则由佛寺改成了一组新的宫殿建筑群。

新建筑大多依旧沿用旧建筑的台基，但性质发生了彻底的变化。临昆明湖北岸的牌坊依旧矗立，山门位置重建了一座宫门，改名排云门，门前广场也保持原样，大门口还蹲着一对铜狮，显示出宫殿应有的庄严。

排云门前的牌坊

第八章　胜景依稀

233

排云殿建筑群屋顶俯瞰

第八章 胜景依稀

235

门内殿堂仍布置在一层层渐次升高的台地上，第一进院子的东西两侧建了云锦、敷华两座配殿，相当于大殿外的朝房，院中央设一个长方形的水池，池上架设石桥；第二进院子的南侧设置了二宫门，也参照了紫禁城和多数皇家园林宫廷区的常见模式，北侧中央原来大雄宝殿的位置上修建了一座排云殿，成为这组建筑的正殿所在。其北在原来多宝殿的基础上建了一座德辉殿，相当于后罩殿，作为整组宫殿的结束。

排云殿正面景象

东西两侧的院子改动都比较大，东侧的慈福楼改成介寿堂，西侧的罗汉堂改作清华轩，失去了原有的佛教含义，作为临时寝宫使用。其中清华轩的庭院中保留了八角形的水池，池上跨石拱桥，四岸树荫森森，很宁静有生活气息。

清华轩庭院风光

排云殿本身是五间歇山殿宇，正面比仁寿殿少两间，显得比较窄，但进深很大，屋顶采用重檐歇山，特别高大。更重要的是这组建筑和紫禁城宫殿一样，采用汉白玉台基和黄色琉璃瓦屋面，与园中其他建筑几乎清一色的灰瓦形成鲜明的对比，也进一步彰显出华贵的气度。

排云殿的室内分隔比较复杂，除了宝座之外，还带有寝宫陈设。殿名"排云"，出自晋朝郭璞的诗句"神仙排云出，但见金银台"，可见也有以玉台金殿象征仙境的意思。

1 排云殿殿内宝座
2 排云殿殿内陈设（楼庆西/摄）
3 爬山游廊

　　整组建筑群每层台地之间用爬山游廊串联，让游者产生逐步登上云梯瑶台的感觉。

　　按照规划，排云殿是慈禧万寿盛典的核心场所，因此建筑的规格最为隆重，而湖岸上的长廊则成为前导的礼仪空间：在慈禧万寿盛典期间，皇帝和大臣必须排着长队，沿着这条长廊缓缓步行走到排云殿行礼，以体现对太后的无上尊重。

慈禧太后受礼处

排云殿

光绪帝行礼处

大臣行礼处

长廊

大臣朝贺

排云门

慈禧太后万寿盛典空间示意图

从昆明湖西岸看排云殿与佛香阁

颐和园

根据《翁同龢日记》的记载，慈禧生日那天具体的情形是大臣们从东宫门鱼贯而入，穿越长廊来到排云门外跪下，光绪帝跪在二宫门的门槛上，慈禧则端坐在排云殿的宝座上。这组宫殿的空间完全和隆重的庆典仪式密切相关，具有显赫的气派和华丽的排场。

重建后的排云殿建筑群与佛香阁依然是万寿山的核心标志，从各个角度观赏，都展现出壮美的画面。

光绪帝朝贺路线

玉澜堂

东宫门

重建后的佛香阁与德辉殿南立面图（引自清华大学建筑学院编《颐和园》）

0　　　10m

第八章　胜景依稀

35 中秋之夜的游湖盛况

> 传统的龙舟和新式的轮船齐头并进。

辽阔的昆明湖依然是慈禧喜欢泛舟游览的地方，而且有了德国火轮之后，游湖变得更加快捷、安全、舒适。只是慈禧太后不会作诗，光绪帝对诗的兴趣也不大，再也没有当年乾隆帝那般吟风赏月的雅兴了。

古代诗人写诗赞美杭州西湖，经常强调西湖在春夏秋冬、朝午夕夜以及阴晴雨雪等不同季节、不同时刻、不同气候条件下能表现出不同的景色，正所谓"浓妆淡抹总相宜"，让人百看不厌。

昆明湖的景致变化大可与西湖相比而毫不逊色：清晨霞光万丈，波光清澈；白天明湖滉漾，山色倒映；傍晚夕阳高照，湖面镀金；夜间碧波映月，上下辉映。还有阴天的淡雅、晴天的浓烈、雨天的朦胧、雪天的洁白，各种天气人们都能在湖上一览胜景。

春天桃柳夹岸，夏天浓荫照水，秋天红叶飘洒，冬天枯枝挂雪，每个季节都赋予昆明湖以独特的意境。特别在冬季，属于江南气候的杭州西湖极少结冰，而北国的昆明湖则有很长的冰期，寒冬之时可在冰上行走或者乘坐一种特制的冰车，辽阔的湖面如同水晶铺就的大镜子，此情此景非杭州西湖所能常见。

《翁同龢日记》曾经记载光绪二十二年（1896年）八月十八日为庆祝中秋，宫廷组织了一次规模较大的游湖活动。当天晚上太后、皇帝与大臣们在德和

昆明湖晨光（楼庆西/摄）

颐和园御舟镜春舻（引自《名园旧影——颐和园老照片集萃》）（左）
慈禧在西苑游船上扮演观音（引自《光影百年——故宫博物院九十华诞典藏老照片特集》）（右）

园看完戏之后，就出来坐船，这次太后和皇帝选择乘坐传统的龙舟，御前王公和军机大臣坐翔云号轮船，其余品阶较低的官员都坐一种没有船篷的小船。

这些船浩浩荡荡地开到湖心，先欣赏依旧盛开的万朵莲花，随后驶来一艘戏船，船上灯火通明，搭建了方形戏台，就在龙舟、轮船前面开始演戏，一剧告终，再放烟花炮仗助兴，场面热闹欢畅。

德龄的书中也描写了陪伴太后乘船游湖的场景。御舟船舱的窗户上挂着红色的帘子，舱内摆放了很多精雕细刻的檀木家具，还分隔出两个小房间，分别用作更衣室和临时卧室。阳光下的湖面非常美丽，船缓缓行驶，漂浮穿越广阔的昆明湖，进入两岸垂柳依依的后溪河，然后在山脚的码头登岸。

慈禧有时还在游船上扮演观音，在几名穿着戏装的太监、宫女的簇拥下，船驶入荷花深处，还真有点仙境的感觉。据说慈禧对道教同样崇信，有个道号叫"广仁子"。颐和园似乎也是她修仙的场所。

没有找到慈禧在昆明湖乘船的照片，只好引用一张老佛爷在西苑中南海泛舟摆拍的旧影，想来应该情景相似。

慈禧很喜欢坐德国进口的火轮，但由于昆明湖西北部水比较浅，轮船驶到这里有时会搁浅，必须派太监用人力拖回深水区。这两艘轮船在园中就像洋务运动所提倡的"西学"在疲弱帝国的地位一样，欲振乏力，最终沦为表面的装点。

光绪三十一年（1905年）日本政府为了感谢清政府在日俄战争中对日本的支持，决定赠送慈禧一艘新的轮船。此船定名"永和轮"，由日本川崎造船所根据昆明湖的水位预制好所有的部件，运至昆明湖船坞中组装，于光绪三十四年（1908年）完成。这艘锈蚀不堪的旧船至今仍保存在颐和园水操学堂的偏院中。

"永和轮"今景

36 模仿西洋轮船的石舫

颐和园的石舫模仿了西洋轮船的造型，成为大清海军建设的最后遗物。

江南地区号称水乡，河网密布，到处都有舟船往来，而且一些水景名胜区如杭州西湖、扬州瘦西湖、南京秦淮河、嘉兴南湖等都有特制的画舫供游客泛舟游览。同时，江南园林中也经常临水建造一种模仿画舫的建筑，如南京煦园之不系舟、苏州狮子林之石舫、畅园涤我尘襟舫、拙政园之香洲画舫、怡园之画舫斋，成为富有特色的景观建筑。

乾隆帝六下江南，对这种固定的画舫建筑非常欣赏，回京后便在圆明园、北海、静明园等皇家园林中加以仿建，光是圆明三园中就建造了八处带有画舫形制的建筑，大多依临水面，没有帆樯、揖桨，也不能移动，但因为下面水波的流动，同样可产生行于水上的动态感觉。

这些仿舟的建筑尺度有大有小，有的酷似真实的画舫，有的只是略具船的意思，和行驶在水上的真船一同点缀风景，真真假假，虚虚实实，营造出一派水乡气氛。特别当冬季结冰的时候，真船都被藏入船坞，而舫式的建筑依然可以伫立水际，映衬池间。

清漪园昆明湖北岸建了一座对鸥舫，虽然有"舫"之名，实质上是一座水榭，造型完全与船无关。真正像船的是位于万寿山西南侧、昆明湖西北角的一座大型石舫，名为"清晏舫"，取"河清海晏，天下太平"之意。

清晏舫长达36米，比一般江南园林中的画舫要大很多，台基部分用石头砌得很像船身，上面又模仿船舱修建了两层歇山顶楼阁，雕梁画栋，形成了很逼真的楼船形象，停泊在湖边，足以引发人们对江南风光的联想。

1	3
2	

1 南京煦园不系舟
2 圆明园别有洞天画舫遗址
3 颐和园对鸥舫

第八章　胜景依稀

247

清晏舫焚后景象（引自《晚清碎影》）

因为这座石舫临近昆明湖西北岸的码头，背依曲折的水面，远远看上去非常醒目。乾隆帝从玉河一路乘船而来，经常在石舫边弃船登陆乘轿子，因此在诗中说："石舫浑成系舫处，轻舆早候柳塘前。"

乾隆在另一首咏石舫的诗中写道："雪棹烟篷何碍冻，春风秋月不惊澜。载舟昔喻存深慎，磐石因思永奠安。"诗中透露出更深层次的内涵——先秦《荀子》曾言："君者，舟也；庶人者，水也。水则载舟，水则覆舟。"把皇帝比作船，把老百姓比作水，船全靠水的力量才能浮起来，而且一旦水波动荡，就会将船打翻。历代的贤明君主都将这句话当作座右铭，提醒自己爱惜百姓。乾隆帝对此也有所认识，把这艘石舫视为皇帝宝座的象征，明白牢记前朝教训，才能天下清晏，江山如磐石般永固。

在咸丰十年（1860年）的劫难中，清晏舫上部的木构部分全部被烧毁，下部的石基

乾隆时期的清晏舫形象（引自故宫博物院藏《崇庆皇太后万寿盛典图》）

座也遭到一定程度的破坏。

光绪时期重修石舫，保留原来的石造船舷基座，两侧增加了石雕轮盘的形象。台基上面用木结构建了一座大型的西洋式楼房，分两层，屋顶主要部分是平的，局部又凸出两段坡顶，稍微有些变化，柱间装饰着玻璃镜子，洋味十足。还刻意在梁柱上描画出类似大理石的花纹，看上去好像是用石头砌筑而成，一座传统的中式画舫就此被改成了新式的西洋轮船。

当时的清廷正打着"富国强兵"的旗号大力建设海军，而颐和园的重建工程正是海军衙门的重要任务，在此石舫上表现出一点新意也体现了顺应潮流的象征意义。此外李鸿章又送来两艘真正的德国轮船在昆明湖上行驶，石舫的西式造型更有了直接的参照物。后来北洋水师全军覆没，有人讽刺海军衙门苦心经营的所有军备成果只剩下这座石舫还可供人凭吊。

清晏舫船尾　　　　　　　　　　　　清晏舫内部设计

清晏舫今景

㊼ 小园谐趣待君游

> 谐趣园是颐和园中写仿江南名园的经典实例,虽然经历了一些变化,依然带有无锡寄畅园的影子。

  皇家园林一般规模都很大,常常是普通私家园林面积的几十倍乃至几百倍,其中除建造各种山水景致外,还会专门设置一种园中园,就是在苑囿中划出一定的范围,大致按照一个私家花园的规模建一个相对独立的中小型花园,周围一般还用园墙围合起来,强调内敛的空间气氛。颐和园中有好几个园中园,例如赅春园、扬仁风等,其中最著名的无疑是谐趣园。

  谐趣园位于万寿山东侧、后溪河的尽端,南距宫廷区不远,原名叫"惠山园",是摹拟无锡寄畅园而建的园中之园。

  寄畅园位于江苏无锡城西惠山之麓,始建于明代,是江南最著名的私家园林之一,自明代中叶以来一直属秦氏家族所有,原名"凤谷行窝",又称"秦园"。

  这座花园在东部开辟了一汪曲折的水池,池上有一座长桥,名叫"七星桥",水边以长廊串联一些亭榭,其中有一个"知鱼槛"临于水上,水池西边用黄石与泥土相间,堆了一座大型假山,山势变化起伏,极有幽致,而且山首迎向锡山,尾部指向惠山,似乎成为两座真山之间的余脉。园东北面有一条运河与京杭大运河相通,园内则引入号称"天下第二泉"的惠泉水流,从山石之间倾注而下,形成水流潺潺的特殊效果,还有"八音涧"小景。寄畅园的山水处理极具匠心,还可以借锡山宝塔之景入园,明清以来广受推崇,名气很大,乾

无锡寄畅园今景

含贞斋
秉礼堂
祠堂
九狮台
邻梵阁
梅亭
嘉树堂
七星桥
锦汇漪
涵碧亭
鹤步滩
知鱼槛
郁盘
园门

0 10 20m

无锡寄畅园平面图（引自《江南理景艺术》）

第八章　胜景依稀

253

隆帝在南巡之前就闻名已久。

乾隆十六年（1751年）乾隆帝首次南巡时就来到寄畅园，还在此品尝过以惠泉之水泡制的惠山名茶。他对寄畅园的风景大加赞赏，当即命令随行的宫廷画师把园景摹画成图带回北京，然后选择万寿山东麓仿建一座小园，并定名为"惠山园"，园子三年后方才落成。

谐趣园宫门

小园在嘉庆年间经历过扩建，咸丰十年（1860年）被严重破坏，光绪年间又获重建，形成今天所见的面貌。现在的小园与清漪园时期的惠山园有一定差异，但大体结构应该保留下来了。

清代董诰绘《寄畅园图》（清华大学艺术博物馆藏）

谐趣园现状平面图（摹自清华大学建筑学院编《颐和园》）

1 宫门	5 饮绿亭	9 涵远堂	13 湛清轩	17 酪膳房
2 知春亭	6 澹碧	10 知鱼桥	14 霁清轩	18 军机处
3 引镜	7 澄爽斋	11 知春堂	15 清琴峡	
4 洗秋榭	8 瞩新楼	12 兰亭	16 方亭	

第八章　胜景依稀

255

谐趣园宫门朝西，在园南开辟水池，环绕水池修建曲廊，廊间穿插厅堂、水榭、亭子。园西侧有座瞩新楼，恰好位于一段坡崖的两侧，从园外西面看是单层建筑，从园内看则是两层小楼。

池东的知春堂原是园中正堂，面朝万寿山正脊方向。南岸转折处有一个正方形平面的亭子，叫"饮绿"，其南侧是水榭"洗秋"。此外还有引镜、澄爽斋、湛清轩、兰亭、澹碧等建筑。

1 透过澹碧远观兰亭
2 谐趣园饮绿亭与洗秋榭
3 瞩新楼
4 谐趣园鸟瞰（楼庆西／摄）

第八章 胜景依稀

知鱼桥

  池岸水湾之间还架设了一座长长的"知鱼桥",桥北端建有石牌坊,柱子上刻着乾隆帝的诗句。桥名"知鱼",源自《庄子·秋水》中庄子与惠子关于是否能知鱼之乐的著名辩论,人们可以在此欣赏水池中的游鱼。池北有青石假山,是整个颐和园水平最高的叠石之一。

  今天我们拿谐趣园的平面图与寄畅园进行比较,一开始可能很难发觉二者有多大的亲缘关系,但如果从选址、山水格局、堂榭位置、假山形态、水湾、长桥等各个方面仔细考察,还是可以明显认识到二者确实存在很多相似之处。

  寄畅园的选址非常优越,当年的惠山园也特意选择了一处地形地貌与之相似的地段来经营。万寿山处于小园西侧,地位与寄畅园西侧的锡山相当,又从后溪河中引来一股活水汇注成池,也与寄畅园引惠泉的手段相近。更重要的是,前山中央位置原拟建一座九层高塔,从惠山园中可以见到塔顶,正如在寄畅园中可以远眺锡山塔。由此可见,二园的外部环境和借景效果基本如出一辙。

寄畅园山在西，水在东，山水并列而行；谐趣园山在北，水在南，也是山水并列的格局。寄畅园的假山主要采用黄石和太湖石，谐趣园主要用青石和北湖石，材料虽然不同，但都是以土带石，构成平冈山坡的造型，山间设有曲径，境界清幽。二园的水池面积基本一致，都比较曲折，而且都用桥或廊子对水面做进一步的划分，形成更多的层次。

二园的主要建筑都围绕水池修筑，并从不同的角度朝向水池中心。寄畅园有嘉树堂，谐趣园有知春堂，二者都依临水面之一端，视野开阔；谐趣园的饮绿亭和寄畅园的知鱼槛一样都凸在水面上；二园的廊子都非常曲折蜿蜒，体现了相似的趣味。

谐趣园瞩新楼的旁边有一条引水渠，负责从后溪河引水入池，水在假山之间逐层跌落，所以得名"玉琴峡"，显然受到寄畅园"八音涧"的启发。寄畅园水池东岸有一块水滩形如半岛，伸入水中，构成水湾，并以七星桥串联对岸，谐趣园也有类似的水湾，其中的知鱼桥处于和七星桥相同的位置，二者的走向也差不多。

玉琴峡旧照（引自《名园旧影——颐和园老照片集萃》）

江南园林特别重视梅花，虽然北京早在元代就把梅花引进来了，可是梅花无法忍受北方地区冬季的严寒，不能直接种在室外的地上，始终只能采取花盆栽种的方式精心培育，天冷就得藏到室内暖窖中。乾

谐趣园的假山叠石

第八章　胜景依稀

259

霁清轩方亭

谐趣园的游廊与苍松

涵远堂

隆帝对此耿耿于怀，却也无法抗拒大自然的规律。当年他在惠山园的水边种了几株白色的山桃，初春之际盛开，略有江南白梅的风采，以此作为梅花的替代品，所以他在诗中说"山白桃花可唤梅，依依临水数枝开"。

乾隆帝很喜欢惠山园，为小园题写了"惠山园八景"，分别是载时堂、墨妙轩、就云楼、澹碧斋、水乐亭、知鱼桥、寻诗径、涵光洞。嘉庆年间取"以物外之静趣，谐寸田之中和"之意，将惠山园改名为"谐趣园"，将载时堂改称"知春堂"，墨妙轩改称"湛清轩"，就云楼改称"瞩新楼"，澹碧斋改称"澄爽斋"，水乐亭改称"饮绿亭"，强化了轴线感，还在水池北面增建了一座体量较大的涵远堂，建筑密度比之前更大，使得园景稍有些拥挤，不如寄畅园疏朗开阔，意境也比当年逊色不少。

当年的清漪园以杭州西湖为蓝本，作为其中局部的惠山园又以另一座江南名园为摹拟对象，这两次模仿大有大的妙处，小有小的特色，既学到了对方的精髓，又能扬长避短，不舍弃自己的优点，都是非常成功的园林创作范例。

谐趣园北侧还有一个叫"霁清轩"的小院，以弧形游廊环绕，其婉约小巧的风格也接近江南园林，其中的假山基本上都用黄石叠成，与南侧的谐趣园明显不同。这里的地势比较高，向北可以俯瞰园外，当年乾隆帝经常在此凭栏赏景，近观小园山水，远望田野村舍，写下了"凭轩聊纵目"这样的诗句。

乾隆帝还喜欢在这里用取自玉泉山"天下第一泉"的水烹茶，以此摹拟南巡时在寄畅园享用过的"天下第二泉"，其乐融融，不减江南风韵。

慈禧太后和光绪皇帝从来没有巡幸过江南，但对谐趣园和霁清轩仍然很有兴趣，慈禧经常来这里闲坐并吃些点心，为此特意在附近增建了一座酪膳房，还下旨在造山石上镌刻了自己御笔题写的"松风""萝月""仙岛""堆云积翠"等字。

总体而言，重建后的谐趣园和霁清轩依然保持了园中之园的别致特色，体现了江南园林的神韵，活泼自然，至今仍是颐和园最引人入胜的景点之一。

结语

　　1949年之后，颐和园受到中国政府的高度重视，得到全面修缮，自此焕发新生，于1961年被公布为首批全国重点文物保护单位，1998年进一步被联合国教科文组织列入《世界遗产名录》，成为全球最著名的历史园林之一，其无与伦比的历史价值、艺术价值和文化价值不断得到发掘。世界遗产委员会对颐和园的评价是："其亭台、长廊、殿堂、庙宇和小桥等人工景观与自然山峦和开阔的湖面相互和谐、艺术地融为一体，堪称中国风景园林设计中的杰作。""颐和园是中国造园思想和实践的集中体现，而这种思想和实践对整个东方园林艺术文化形式的发展起了关键性的作用。以颐和园为代表的皇家园林，是世界几大文明之一的有力象征。"

　　回顾历史，从乾隆十五年（1750年）至今，颐和园已经历二百七十多年的沧桑沉浮。它本是大清帝国最鼎盛时期的产物，代表着清代造园艺术的最高水准，之后伴随着王朝的衰落而渐露颓象，终于遭到侵略者的无情摧毁；旧日的残迹而后又被晚清的残阳重新唤醒，重建成为清代最后一座离宫御苑，目睹了王朝最后挣扎、遭难和覆灭的全部过程。

　　今天，万寿山依旧巍峨，昆明湖依旧清澈，在华丽的楼台和茂盛的花木掩映之下，颐和园迎接世界各地的游客来此欣赏观光，让越来越多的人陶醉在这片自然与人工完美融合的绝世丽景之中。

参考书目

1. （清）奕䜣等编.清六朝御制诗文集.清代光绪二年刊本
2. （清）翁同龢著.翁同龢日记.北京：中华书局，1997
3. 赵尔巽等编.清史稿.上海：上海古籍出版社，1986
4. 中国第一历史档案馆编.圆明园.上海：上海古籍出版社，1991
5. 德龄著.顾秋心译.慈禧御前女官德龄回忆录·清宫二年记.哈尔滨：黑龙江人民出版社，1988
6. （美）卡尔著.陈霆锐译.慈禧写照记.天津：天津古籍书店，1989
7. 中国政协全国委员会文史资料研究委员会编.晚清宫廷生活见闻.北京：文史资料出版社出版，1982
8. 清华大学建筑学院编.颐和园.北京：中国建筑工业出版社，2000
9. 周维权著.中国古典园林史.北京：清华大学出版社，1999
10. 刘阳编著.三山五园旧影.北京：学苑出版社，2007

图书在版编目（CIP）数据

颐和园 / 贾珺著. — 桂林：广西师范大学出版社，2024.8
ISBN 978-7-5598-6999-9

Ⅰ．①颐⋯ Ⅱ．①贾⋯ Ⅲ．①颐和园—研究 Ⅳ．①K928.73

中国国家版本馆 CIP 数据核字（2024）第 099930 号

颐和园
YIHEYUAN

选题策划：活字文化
特约编辑：陈　轩　吴艳萍
设计制作：陈小娟

出 版 人：黄轩庄
出版统筹：冯　波
项目统筹：廖佳平
责任编辑：成　能　赵　楠　陈子锋
营销编辑：李迪斐　陈　芳
责任技编：王增元
出版发行：广西师范大学出版社
　　　　　广西桂林市五里店路 9 号　邮政编码：541004
网　　址：http://www.bbtpress.com
印　　刷：天津裕同印刷有限公司印刷
　　　　　天津宝坻经济开发区宝中道 30 号　邮政编码：301800
开　　本：720 mm × 1 000 mm　1/16
印　　张：17.75　　　字数：240 千
版　　次：2024 年 8 月第 1 版　2024 年 8 月第 1 次
定　　价：128.00 元

■如发现印装质量问题，影响阅读，请与出版社发行部门联系调换。